那些年，我们一起追的球星 III

天下足球 著

金城出版社
GOLD WALL PRESS
中国·北京

图书在版编目（CIP）数据

那些年，我们一起追的球星. Ⅲ / 天下足球著. —
北京：金城出版社有限公司, 2020.11（2023.12重印）
ISBN 978-7-5155-2053-7

Ⅰ. ①那… Ⅱ. ①天… Ⅲ. ①足球运动 – 运动员 – 生平事迹 – 世界 Ⅳ. ① K815.547

中国版本图书馆 CIP 数据核字（2020）第 177240 号

那些年，我们一起追的球星Ⅲ

作　　者	天下足球
撰 稿 人	刘　嘉　吕　楠　吴涵之　闫　伟
策 划 人	陈文江　李轶武
责任编辑	李轶武
责任校对	李明辉
责任印制	李仕杰
开　　本	710 毫米 × 1000 毫米　1/16
印　　张	19
字　　数	200 千字
版　　次	2020 年 11 月第 1 版
印　　次	2023 年 12 月第 6 次印刷
印　　刷	小森印刷（北京）有限公司
书　　号	ISBN 978-7-5155-2053-7
定　　价	82.00 元

出版发行	金城出版社有限公司　北京市朝阳区利泽东二路 3 号　邮编：100102
发 行 部	(010)84254364
编 辑 部	(010)64391966
总 编 室	(010)64228516
网　　址	http://www.jccb.com.cn
电子邮箱	jinchengchuban@163.com
法律顾问	北京植德律师事务所　18911105819

2002年5月15日
齐达内奉献天外飞仙

2003年5月28日
AC米兰点球击败尤文获得欧冠冠军

2006年7月9日
齐达内头顶马特拉齐

2004年5月26日
穆里尼奥率领波尔图登顶欧洲

2007年8月25日
埃尔塔在比赛中突发心脏病去世

2019年5月25日
"罗贝里"结束十年之约

2018年11月29日
齐达内录制《天下足球》特别节目

2005年11月28日
罗纳尔迪尼奥获得金球奖

2009年7月6日
C罗正式亮相伯纳乌

2019年5月7日
利物浦4球逆转巴塞罗那

2010年7月26日
劳尔告别皇家马德里

2018年12月3日
莫德里奇荣膺金球奖

20 天下足球
TOTAL SOCCER
2000.11 - 2020.11

献给那些年我们共同的
关于足球和青春的记忆

2019年6月1日
雷耶斯遭遇车祸去世

2019年1月28日
武磊留洋加盟西班牙人队

2016年5月3日
莱斯特城书写蓝狐童话

2008年6月29日
斗牛士军团征服欧洲

2016年11月24日
杰拉德正式宣布退役

2012年7月1日
西班牙连夺三届大赛桂冠

2017年12月27日
前AC米兰巨星维阿当选利比里亚总统

2019年8月13日
荷兰球星斯内德宣布退役

2001年5月23日
卡恩三扑点球助拜仁勇夺欧冠

2017年8月31日
姆巴佩转会巴黎圣日耳曼

2013年5月25日
拜仁赢得欧冠决赛德国内战

2020年9月20日
孙兴慜英超独中四元

2017年12月7日
C罗第五次荣膺金球奖

2020年8月19日
科曼成为巴萨新帅

2020年9月19日
贝尔重回托特纳姆热刺

2014年5月24日
皇马欧冠十全十美

2020年8月23日
拜仁击败巴黎圣日耳曼称雄欧洲

写在前面

20 年，正青春

2020 年 11 月 27 日，《天下足球》20 岁了。

2000 年 11 月 27 日，《天下足球》与亿万观众开启了那个每周一的约定。

20 年前，你在哪里？和谁在一起享受着足球的快乐？20 年后，你又在哪里？是否实现了曾经的梦想，或是还在追逐未竟的梦想？时移世易，生活中的瞬息万变往往会让人措手不及，唯有你热爱的足球，始终在那里；《天下足球》，始终在那里。20 年，近 1000 期节目，我们用影像和声音给一代代球迷留下成长印记。一个个名字，一段段往事，不会随着光阴远去，而是在每个人的心里永久驻足。

即使在这个信息传播渠道愈发多元的时代，在每个星期一的晚上 7 点半，仍然有那么多人不约而同地把电视频道调到 CCTV5，或是捧着手机、iPad 打开央视体育的 APP，听着那熟悉的片头曲，守候最纯粹的足球所带来的最高级的享受。

《天下足球》的身后，永远有你们忠实的守候。这一守，便是 20 年。用你们的话说，"在这个国家，我们或许没有最好的足球，但是我们有最好的足球节目。"

关于《天下足球》的回忆，也是一场关于自己青春的追忆——那是周一下午早早把作业做完后的等待，或是让爸妈允许自己看完节目再做功课的请求；是下班后推掉饭局往家赶的匆忙，或是晚饭后同学们聚集在校园食堂电视机前的期盼；是错过直播后到网吧寻找资源的急切，是喝着啤酒就着小菜看着电视的舒爽……

有足球相伴的青春绝对是最美的。前些时日，看到一个热心观众的留言，让我们深有感触。他说："《天下足球》最厉害的地方，在于每当他们制作球星特辑时，可以放下个人的喜好与憎恶，让我们看到他们对于足球最纯粹的爱。"

非常有幸，亦非常感动，这份纯粹，可以被你们读懂。

这一切，都让编导们泡在机房的无数个日日夜夜，让无法陪伴家人的歉疚不安，让为了斟酌解说词的夜不能寐，让为了剪辑画面的精耕细作，在一瞬时都有了生命。因为我们作品里的字字句句，分分秒秒，都走进了你们的内心。

我们可以问心无愧地说，《天下足球》中的每一帧画面，每一秒音乐，每一个字眼，都是准确的，真诚的，动人的，直击人心的，经得起岁月与时光检验的。

在这个书写习惯逐渐弱化的时代，竟然还有人把《天下足球》的解说词整整齐齐地抄写在稿纸上、笔记本上。他们有的是中小学生，有的是大学生，有的走上了工作岗位，有的已为人父为人母。这样一份原始的情感关联，让我们动容不已。

很多人说，《天下足球》的编导都是文艺青年，煽情大师，但我们从来不制造眼泪，事实上，你们曾经流过的感慨万千的泪水，就是你们的故事与昨天，是你们与这个世界因为足球而建立的情感连接。

它，纯粹而美好。我们只想，为你们好好守护它。

20年，倏忽而过，20年，又是一次新的生命。

《天下足球》10岁生日那一天，我们说，希望把这期节目当作我们的第一期节目，接下来的日子依然加倍努力。

《天下足球》15岁生日那一天，我们用了6个字表达情愫——《十五年，

再出发》,这个专题片的背景音乐是 When We Were Young(当我们青春年少时)。当我们和你们都不再年轻的时候,我们却可以一起在这里邂逅青春。

20岁,对于一个人而言,是告别懵懂、放下稚气的年纪。对于《天下足球》而言,则是那个历经岁月洗礼后依旧正青春的年纪。

20岁的我们,依旧如同20年前的那个新生命一样,永远青春而纯粹。也希望永远纯粹的你们,可以看着我们,陪着我们,守着我们,一起去看这世界上最美的足球风景。

20年,从未变;20年,正青春;20年,一直在。

序言

《天下足球》，球迷记忆的信标

因为疫情的缘故，2020年，《天下足球》的编创团队被无米下炊的困境"逼"出了《豪门恩怨》特别企划。随着节目的播出，时光闪回，记忆倒带，思绪的闸门频繁打开。

我常常发现，有些时代久远的比赛，录像画面已经粗糙斑驳，但在自己脑海里却异常清晰，清晰到有时我不仅可以回忆起比赛中的细节，甚至能够想起那个观赛的夜晚清风把盏谁与共。

同时我也发现，自己关于足球的记忆，越晚近的比赛反而印象越浅。就比如2018年的世界杯，诸多细节已经模糊。两相对比，时间线的矛盾让人恍若置身诺兰的电影世界。

直到五月里，"后浪""前浪"的词组攀上热搜，难免暗自比对。抬眼一望，40岁就在下一个转角等我；低头一瞅，自己已经站在青春的尾巴尖上。

我恍然觉悟，为何关于足球越遥远的记忆越清晰。并不是足球世界里"往事不如烟"，而是那些记忆属于足球，更属于青春。两相交织嵌合，那些被足球丰盈的青春岁月，就这样在记忆里定格。

是啊！青春，这是足球世界里最美好的词汇。球场上没有人永远年轻，但永远有人年轻。每一代球迷，都有自己的精神图腾。

我是80后，第一次看球是1994年世界杯。刻在我足球记忆最深处的画面，永远是那年决赛分出胜负的瞬间——垂头叉腰的巴乔和双手指天的塔法雷尔，一念之间，悲喜两重。正因如此，那个有马尾辫的悲情英雄，是那些年我追过的球星。

当然，比起球迷里的"前浪"们，我无缘亲见贝肯鲍尔"独臂"驰骋、马拉多纳连过五人，听着这些传奇的故事，难免心怀"君生我未生"的遗憾。

而身边的"后浪"球迷们,他们的青春记忆是梅罗争霸的双骄时代,是横空出世的姆巴佩、哈兰德,多么令人羡慕。

同时,传播方式的变化让"后浪"们越来越多地捧起 Pad 和手机,用小屏看球赛。媒体环境如此变化,让我们这些电视出身的传媒人对未来常怀"君生我已老"的担忧,于是拼命地"不待扬鞭自奋蹄"。怀揣最大的诚意和敬畏,对待节目的每一次出品。

幸而足球世界里,经典终成永恒。

《天下足球》在过去 20 年间,忠实记录着球场上那些经典的瞬间,那些闪耀的名字,用影像定格他们驰骋绿茵的样子,也因此成为了一代代球迷足球记忆的信标,定格了我们有足球相伴的青春。

适逢《天下足球》20 岁生日,节目组为您呈上这本《那些年,我们一起追的球星 III》,书中的 40 位球星,从里杰卡尔德、莱因克尔这样的"前浪",到范戴克、德布劳内这样炙手可热的"后浪",加上该系列此前已经出版的两册,这 120 位球星,串联起几代中国球迷的足球记忆。

更迭和别离是绿茵场不变的主题,我们追过的球星总会老去,终有一别,如同我们的青春。

但是,在这本满怀诚意的记录里,那些年我们追过的球星,正青春;那些年的我们,正青春。

献给陪伴过《天下足球》的您。

邵圣懿

写于 2020 年 10 月 2 日

目录

姆巴佩 **御风飞驰**	008	贝尔 **逆天"大圣"**	084
凯恩 **"飓风"来袭**	016	罗伊斯 **天妒英才**	092
孙兴慜 **亚洲榜样**	024	莱万多夫斯基 **九五至尊**	098
萨拉赫 **埃及"法老"**	032	阿圭罗 **KUN 鹏展翅**	106
哈梅斯·罗德里格斯 **一球成名**	040	迪马利亚 **天使之翼**	112
范戴克 **"红"墙铁壁**	048	本泽马 **王牌中锋**	120
德布劳内 **全能真核**	054	伊瓜因 **命运之枪**	128
格里兹曼 **高卢骑士**	060	卡瓦尼 **平凡英雄**	136
阿扎尔 **一往无前**	068	皮克 **人生赢家**	142
克罗斯 **德国"冰人"**	076	曼朱基奇 **尖锋斗士**	150

Contents

孔帕尼 **勇者无畏**	158		弗兰 **金发刺客**	226
拉莫斯 **皇家护卫**	164		克鲁伊维特 **英雄出少年**	234
诺伊尔 **新锐门卫**	172		维埃拉 **全能战士**	240
莫德里奇 **"魔笛"强音**	180		罗伊·基恩 **红魔领袖**	246
波多尔斯基 **科隆王子**	188		瓜迪奥拉 **智慧人生**	254
德罗西 **红狼忠臣**	196		希勒 **英伦重炮**	262
范德法特 **金童之憾**	202		维阿 **非洲之光**	270
切赫 **坚不可摧**	208		里杰卡尔德 **优雅"黑天鹅"**	276
埃托奥 **疾风猎影**	214		莱因克尔 **绿茵绅士**	284
罗西基 **球场莫扎特**	220		巴雷西 **一生红黑**	292

姆巴佩

御风飞驰

基利安·姆巴佩
Kylian Mbappe

国籍：法国
出生地：巴黎，法国
出生日期：1998 年 12 月 20 日
位置：前锋
俱乐部：摩纳哥，巴黎圣日耳曼
俱乐部进球数：119 球 /187 场
国家队进球数：15 球 /37 场

总有一首歌，能让你想起他

>>>

歌名：Perfect for Me
歌手：Daniel Power

　　有记者曾向巴黎圣日耳曼主席纳赛尔抛出过这样一个问题："纳赛尔先生，一个什么样的报价，可以让您出售姆巴佩？"纳赛尔沉思片刻后说道："如果非要我给你一个数字，那会是 10 亿欧元。但我想说的是，即使你给我 10 亿，我也不卖，因为这世界只有一个姆巴佩，他是足球世界的未来。"

　　2018 年 6 月 30 日的喀山竞技场，纳赛尔口中的这个"足球世界的未来"向世人证明了他是怎样独一无二的存在。面对梅西领衔的阿根廷队，第 11 分钟，姆巴佩从后场带球狂奔 60 余米杀向禁区，沿途的追兵穷尽其能但却无能为力。最后时刻，罗霍如同一个措手不及的莽汉，只能用犯规阻止此刻风驰电掣的姆巴佩。就这样，姆巴佩为法国队赢得了一个如风如梦、永载世界杯史册的点球。

　　"我知道这小子速度快，但没想到，那一刻他会那么快。"这是法国主帅德尚对于姆巴佩的评价。英国广播公司名嘴、1986 年世界杯金靴莱因克尔更是直言，"我再说一次，这个 19 岁的孩子就是下一个世界足坛的超级巨星。"

　　面对潮水般的赞誉，年轻的姆巴佩却波澜不惊，他淡淡地说："那一刻，我只是本能地向禁区狂奔，心里什么也没想。"

　　这是一种可怕的本能，一种极致的运动天赋，一次完美的视觉享受，一场伟大的足球表演。

　　毫无疑问，那是一场属于姆巴佩的比赛。除了制造这个世界杯历史上的经典点球，他在随后的比赛里还连入两球，帮助法国队 4 比 3 淘汰了潘帕斯雄鹰。生命中，总有这样或那样的冥冥注定，这一天，姆巴佩用统治级的表现送走了梅西。另一块赛场，C 罗也在同一天告别世界杯，两大巨星黯然的背影下，是这个阳光男孩飞扬的青春，这是姆巴佩的飞驰人生。

　　这是命中注定的球王传承吗？没人可以笃定地回答一个"是"字，但随着时间的推移，越来越多的人开始相信，他就是那位天选之子。

▲ 2018年世界杯法国同阿根廷的1/8决赛,姆巴佩向世人展示了自己风驰电掣般的速度,他从后场带球狂奔60余米杀向禁区,沿途追兵穷尽其能却无能为力。

◀ 法国队最终4比2战胜格子军团,时隔20年再次捧起大力神杯,姆巴佩在19岁零207天的年龄便成为了世界冠军。

▽ 决赛对阵克罗地亚,姆巴佩第65分钟一脚远射破门,将场上比分扩大为4比1。

2016/2017 赛季欧冠 1/8 决赛第二回合，姆巴佩为摩纳哥首开纪录，帮助球队主场 3 比 1 力克曼城。在双方两回合总比分 6 比 6 战平的情况下，摩纳哥以净胜球的优势晋级八强。

后来的故事里，传奇的戏码再次升级。在世界杯决赛的舞台上，姆巴佩打入了他自己认为的那个生命里最重要的进球，高卢雄鸡最终 4 比 2 战胜格子军团，时隔 20 年再次捧起了世界杯的桂冠。那一天，姆巴佩以 19 岁零 207 天的年龄，成为了世界杯决赛历史上第二年轻的进球者。

排在他身前的是一个天才的巴西人——球王贝利。17 岁零 249 天，那是 60 年前贝利创下的壮举。后来，就连球王都对这位飞速蹿红的晚辈称赞有加："姆巴佩的职业生涯可以像我一样，打进超过 1000 个进球，但是最好不要超过我的数字。"

贝利玩笑口吻的背后，是对姆巴佩未来的期许。贝利的"乌鸦嘴"举世闻名，但这一次，没人觉得球王所言是"乌鸦嘴式"的预言。因为，所有人在 2018 年的夏天，都看到了一个无比清晰也无比真切的足球未来。

新星的横空出世,其实要追溯到姆巴佩的摩纳哥岁月,在那里,他被称作下一个亨利。亨利本人则说,姆巴佩确实让他看到了自己年轻时的影子,但这个年轻人终究要学会成为自己。确实,姆巴佩不是任何人的复制品,他就是他自己。

2016/2017赛季的欧冠1/8决赛首回合,在伊蒂哈德球场,法国金童打入了他职业生涯的第一粒欧冠进球。尽管摩纳哥客场3比5不敌曼城,但回到主场,姆巴佩又有进账,他们回敬了蓝月亮一个3比1,并以客场进球多的优势晋级。曼城主帅瓜迪奥拉也被这个阳光男孩征服,虽然人们都说姆巴佩很像亨利,但在瓜帅眼中,姆巴佩却更像"外星人"罗纳尔多。

那个赛季的6场欧冠淘汰赛中,姆巴佩一鸣惊人,他一口气斩获5粒进球,帮助被众人看低的摩纳哥队神奇地杀入欧冠四强。别忘了,此时

< 2017年夏天,2.2亿欧元身价的内马尔和1.8亿欧元身价的姆巴佩先后加盟巴黎圣日耳曼,引起世界足坛的轰动,大巴黎的这一操作被球迷们戏称为"四亿妄为"。到巴黎的第一个赛季,他们便帮助球队夺得国内赛事三冠王。图为2018年5月12日,姆巴佩和内马尔展示赢得的法甲冠军奖杯。

▲ 姆巴佩儿时的偶像是 C 罗，家中墙上贴满了 C 罗的海报。2017/2018 赛季欧冠 1/8 决赛首回合，姆巴佩第一次有机会同自己的偶像同场竞技。

的姆巴佩只有 18 岁。就是在 18 岁这一年，姆巴佩帮助摩纳哥队打破了巴黎圣日耳曼的霸主统治，时隔 17 年再次捧起了法甲冠军奖杯。有意思的是，夺冠庆典后，年轻的姆巴佩缺席了球队的狂欢聚会，天性爱热闹的男孩出人意料地用睡觉来庆祝夺冠。这样的自律，像极了姆巴佩儿时的偶像 C 罗。此时，那个从小在家中贴满 C 罗海报的法国少年，已然走在了一条通往未来的星光大道上。

　　如此姆巴佩，摩纳哥肯定留不住了。2017 年的夏天，皇家马德里和巴黎圣日耳曼等一众豪门都向姆巴佩抛来了橄榄枝。最终，这个少年回到了家乡，巴黎圣日耳曼最终以不可思议的 1.8 亿欧元天价将姆巴佩招入麾下。18 岁，1.8 亿欧元，面对这个天文数字，外界惊呼这样的姆巴佩惊为天人，但在姆巴佩姆看来，1.8 亿欧元仅仅是一个数字而已，他唯一关心的就是自己场上的表现。

事实证明，姆巴佩1.8亿欧元的身价绝对物有所值。在大巴黎，1.8亿欧元先生与2.2亿欧元先生相遇，姆巴佩和内马尔两位天赋异禀的天才球员带领大巴黎进入了一个全新时代。在这里，他们是默契无间的搭档，他们是亦师亦友的兄弟，也是相互激励的"对手"。对于姆巴佩这个小兄弟，内马尔一直呵护有加。在巴西人看来，他的小兄弟就是未来这个世界上最好的球员，而在姆巴佩心中，内马尔就像是他的哥哥，更是他永远的榜样。

在大巴黎，姆巴佩、内马尔、卡瓦尼的"MCN组合"大杀四方，在国内赛场，巴黎圣日耳曼再次宣告了自己的绝对统治，法甲冠军似乎总是在联赛一开始就丧失了悬念。2018/2019赛季，在内马尔因伤缺阵多月的情况下，姆巴佩以33粒进球荣膺法甲金靴，带领巴黎圣日耳曼收获法甲两连冠。对年轻的姆巴佩而言，欧冠赛场的折戟沉沙无疑是不完美的，但正是这个不完美的存在，让姆巴佩依然充满热血，走在追逐完美的道路上。

姆巴佩如同一台超然卓群的F1赛车，没有什么可以阻挡他飞驰向胜利的终点。对于那些看好姆巴佩的人而言，他们要做的，就是静静地看着他绝尘而去，远远地望着他逐风天涯。这就是属于姆巴佩的飞驰人生。

我们无法预知他飞越终点的那一瞬有多么绚烂，但时间终会留给我们一个属于姆巴佩的最终答案。或许，此时我们目光所望之处，已经是一场妙不可言的风景，已经是一段不可复制的奇缘。

飞驰吧，少年！

总有一首歌，能让你想起他

>>>

歌名：Dreamer
歌手：Black Violin

15 年前，如果你走在英格兰的大街上，随机问一些足球少年，"你最想成为像谁一样的球员？"或许贝克汉姆会是那个最为热门的答案。但如今，如果把同样的问题抛给孩子们，他们中的大多数一定会说："我想成为像哈里·凯恩那样的球员。"

这就是时光的魔力。还记得 15 年前那张著名的合影吗？贝克汉姆居中，12 岁的凯恩与同学凯蒂站在小贝的两旁。凯恩从小就把贝克汉姆视作自己的榜样，他甚至还模仿过小贝经典的莫西干发型，尽管这个发型总被身边的小伙伴调侃打趣，但凯恩仍然洋洋自得。如今，凯恩已经成为了同偶像贝克汉姆一样的英伦宠儿、三狮队长，而那个叫做凯蒂的女孩也已经成为了他的妻子、他孩子的母亲。不得不说，一切都是最好的安排。

在英文发音中，哈里·凯恩的名字"Harry Kane"与飓风"Hurricane"极为相似，因此人们把凯恩称作"白鹿巷飓风"。凯恩与托特纳姆热刺的缘分仿佛命中注定，凯恩的家位于东伦敦的沃尔瑟姆斯托，这里距离热刺主场白鹿巷仅仅 5 英里（1 英里约为 1.6 千米）之遥。这也就不难理解为什么

> 2005 年 3 月 14 日，贝克汉姆在伦敦开办自己的足球学校，成立仪式上，小贝同小球员们合影。站在小贝左手边的正是日后的三狮队长哈里·凯恩，小贝右手边的女孩凯蒂则是凯恩未来的妻子。

在热刺球迷的歌谣里，他们总是反复吟唱"哈里·凯恩，你是我们自己人，你是个百分百的热刺人。"

不过，作为热刺的死敌，阿森纳球迷也曾用球迷歌曲向热刺死忠发起反击："哈里·凯恩曾经为阿森纳效力。"确实，枪手球迷的反击并非信口雌黄，因为在8岁那年，凯恩曾经加入过阿森纳的青训营，但在1年之后，阿森纳就让这个他们眼中"天资平平"的伦敦男孩离开。没成想，在多年之后，这个当年被阿森纳抛弃的孩子，在热刺经历了几进几出的浮沉之后，成为了托特纳姆的旗帜，更成了阿森纳最为懊悔、也最为头疼的对手之一。

2015年2月7日，凯恩迎来了自己职业生涯中的第一场北伦敦德比，那个在他8岁时放弃他的球队，就站在他的面前。结果这场比赛进入到了凯恩时间，"飓风"头顶脚踢梅开二度，率领热刺2比1逆转取胜。

正是在这场比赛之后，教授温格在报纸上读到了凯恩当年被阿森纳舍弃的旧闻。"这真的让我有些哭笑不得，当年阿森纳为什么要放他离开？"温格在看过这个小伙子的表演后，只能感叹命运弄人。教授知道，如今即使你给热刺上亿英镑的转会费，他们也断不会向死敌出售自己的头号球星。后来的日子里，凯恩与阿森纳的每次相遇，都让枪手球迷头疼不已，如今凯恩已经以10个进球的数据，成为了北伦敦德比的历史最佳射手。好吧，这就是当年那个因为"身材过胖，身高不足"被抛弃的孩子。的确，他曾被兵工厂放逐，却从来没有被自己放弃。

其实，哈里·凯恩在热刺大红大紫之前，有过一段长达4年的颠沛流离的租借岁月，莱顿东方、米尔沃尔、诺维奇和莱斯特城都是他曾经停靠的足球驿站。不过，正是这些野蛮生长的岁月磨砺和锤炼了凯恩的心智。

在低级别联赛里，那里的后卫不会对他有丝毫的怜悯，那些狰狞的面孔和血性的冲撞仿佛在告诉凯恩，如果他不变强，他就会被这些勇士撕碎。正是那段在外人看来艰难蛰伏的日子，成就了"机会主义者"哈里·凯恩。关于凯恩的球风，你不要总指望他跳着曼妙的舞步连过五人，也不要指望他触摸天空的极限倒挂金钩，但你可以期待和确信的是，一旦出现机会，他就会像一个看到心爱猎物的雄狮，一击致命，一剑封喉。全

⋀ 2013 年 2 月 26 日，在莱斯特城 3 比 0 击败布莱克本队的英冠联赛中，凯恩打进本队第二球。在低级别联赛闯荡的经历磨砺和锤炼了凯恩的心智，也成就了日后的超级射手。

⋁ 2016/2017 赛季最后一轮英超，热刺客场 7 比 1 大胜赫尔城，凯恩上演帽子戏法，最终以 29 球连续第二个赛季荣膺英超金靴。赛后，凯恩领取了金靴奖杯，并带走了比赛用球。

◀ 2018/2019赛季欧冠决赛,伤愈复出的凯恩没能帮助球队夺冠,热刺0比2不敌如日中天的红军利物浦。

▲ 2018年世界杯第二轮小组赛,英格兰队6比1轻取世界杯新军巴拿马,凯恩上演帽子戏法。

场比赛里,即使凯恩看上去有89分钟毫无机会,甚至"碌碌无为",但只要出现一个机会,他就会把它转化为进球,这就是杀手,这就是"飓风"。

  足球世界有句话叫数据不代表一切,但别忘了,还有一句话叫做数据不会说谎。一个前锋如果没有拿得出手的进球数字,哪怕他有再多的其他优点,那也一定不是个顶级前锋。作为一个不折不扣的进球机器,凯恩的数据绝对是顶级中的顶级。2015/2016赛季和2016/2017赛季,凯恩在英超中连续高产,分别轰入25和29粒进球,连续两个赛季收获英超金靴。整个2017自然年,哈里·凯恩在各项赛事中更是收获了56球的华美成绩单,成为世界足坛年度射手王,打破了梅西和C罗对于这项殊荣长达7年的垄断,这是一项来之不易的成就。

  凯恩是个非典型的英格兰球员,因为这个男人不爱泡吧,更不沉迷于酒精，他有着严格和自律的时间表。他最爱做的事情，是陪着妻子凯蒂和两个可爱的女儿在海边散步。一切的成功都不是偶然，别看这个男人在足球场上做着最轻描淡写的事情，但每一次看似唾手可得的进球机会，都来自于平日里那些不放过自己的岁月。

飓风狂啸，不止于英伦，更在世界的舞台。2018年俄罗斯世界杯，哈里·凯恩作为三狮队长，带领年轻的三狮军团逾越了点球大战的魔障，时隔28年再次将英格兰队带到了世界杯四强。"足球回家"的歌声成为了那个夏天英格兰的第一金曲，凯恩更以6粒进球的成绩收获世界杯金靴。英格兰历史最佳射手鲁尼更是直言："凯恩超越我的进球数字，只是时间早晚的问题。"

在个人数据层面，凯恩已经证明了自己是当今世界上最为犀利的9号球员之一，但在集体荣誉层面，凯恩依然是一张惨淡的白纸。他最接近冠军是在2018/2019赛季，热刺闯入了欧冠决赛，有伤在身的凯恩决赛前火线复出，但最终却与奖杯一步之遥。在足球场上，前锋需要用进球证明自己，凯恩做到了，但现在他要做的，是用奖杯超越自我。

在英国，哈里·凯恩可能只是名气第三大的"哈里"，哈里王子与哈利·波特的名气一定胜过凯恩。但在足球世界，这个哈里才是那个最有魔力的哈里，只有这个哈里可以让海德公园的人群把啤酒和饮料扔向空中，只有这个哈里可以让英伦街巷的每个酒吧因为足球而欢畅干杯，只有这个哈里才可以引领未来的三狮军团，写下属于年轻一代的全新篇章。

来吧，让"飓风"来得更猛烈些吧！

亚洲榜样

孙兴慜

孙兴慜
Son Heung-min

国籍：韩国
出生地：春川，韩国
出生日期：1992年7月8日
位置：前锋
俱乐部：汉堡，勒沃库森，托特纳姆热刺
俱乐部进球数：141球/400场
国家队进球数：26球/87场

总有一首歌，能让你想起他

>>>

歌名：Waiting for Tomorrow
歌手：Martin Garrix & Pierce Fulton feat. Mike Shinoda

  在他之前，英媒体还从未为一位亚洲球员泼洒过那么多笔墨，德甲联盟也不会在一位亚洲球员离开数年后仍骄傲地宣称"他是德甲制造"。韩国球员孙兴慜好像突然之间刮起了一阵旋风，在竞争最激烈的联赛里，在具有争冠实力的俱乐部里，一名亚洲球员成为了"大腿"级别的存在，仅从这个现象而言，孙兴慜已经超越了他的众多前辈。

  从某种意义上说，足球这项运动对亚洲球员显得有些不公平。现在的孙兴慜具有可以和欧洲球员抗衡的身体素质，但这显然不是天生的，回看初登德甲赛场的孙兴慜，他奔跑在强壮的队友和对手中间，形单影薄，并不怎么被人看好。如果自律和职业是所有成功球员的标签，对于亚洲球员，还得再加上"数倍"二字。这是一种并不对等的付出和回报，但对亚洲球员也许是唯一的出路。孙兴慜为所有亚洲球员开辟了这样一条成功之道。

  1992年出生的孙兴慜不止一次讲过他少年时代的"痛苦"经历。父亲惩罚他的方式就是让他连续颠球4个小时，直到他头晕眼花，一只皮球在他眼中变成了3个甚至4个。每天固有的球队训练后，父亲还会对他进行加练，且训练强度更大更苦更累。如此种种的经历，孙兴慜的现任队友们直听得纷纷咋舌。欧洲球员或许很难理解这种亚洲式的"不讲理"教育，但无论是小时候还是成名后，孙兴慜都没有显现出哪怕一丝的抗拒和抱怨。

  接受德国媒体采访时，他曾谈及踢球的初衷。因为疯狂喜欢足球，孙兴慜8岁时就立志将来要成为职业球员，却遭到了职业球员出身的父亲的反对。父亲以自己的亲身经历为据，告诉儿子这条路不仅辛苦，而且半途而废的概率也远远大于其他职业。

  不过，在孙兴慜坚定这个选择后，父亲成了他成功路上最重要的人。他对父亲生不出半分怨怼之心，因为父亲为他制订的所有训练科目，父亲都会陪着他一起完成。他做100个深蹲，父亲也做100个，他做200个，

△ 2012 年 4 月 14 日,汉堡队在德甲联赛中 1 比 0 小胜汉诺威,19 岁的孙兴慜开场仅 12 分钟便攻入全场唯一进球。

▽ 2013/2014 赛季德甲最后一轮,勒沃库森 2 比 1 逆转击败不来梅,孙兴慜打进制胜球,帮助球队锁定欧冠资格。

父亲也做 200 个。《天下足球》记者曾向孙兴慜抛出这个问题："如果你的意愿和父亲不一样时，你会怎么办？"孙兴慜的回答毫不迟疑："从没有过这种情况，父亲的话任何时候都是对的。"

父亲就是孙兴慜生命的导师，他的箴言，他的思想，他以身作则的行动力，无时无刻不在影响着儿子：

"你以为自己很了不起吗？世界上还有那么多球员，那么努力，却因为没有你这样的训练条件，不能完成理想。"

"你以为自己很有天赋吗？那梅西怎么办，C 罗怎么办？"

"作为一名前锋，你的任务就是进球。只有一件事可以让你停下来，那就是不要让对手受伤。"

父亲像一位智者，孙兴慜对智者言听计从。

2019/2020 赛季，在托特纳姆热刺同埃弗顿的比赛中，孙兴慜铲倒安德烈·戈麦斯，使得戈麦斯同奥里耶相撞后重伤离场。孙兴慜为此懊悔不已，他第一时间对戈麦斯表达了歉意之情，走下场时一度因自责落泪，回到更衣室后更是痛哭失声。3 天后，在欧冠赛场进球的孙兴慜没有庆祝，而是走到摄像机前，双手合十，再次向戈麦斯致歉。

尽管英足总事后认为戈麦斯的重伤是一出意外，孙兴慜的犯规情节并不严重，因此取消了他的红牌，但孙兴慜连日深陷失落的情绪中，直到听说戈麦斯手术成功，心情才得到缓解，他也用真诚的道歉得到了球迷的原谅。

孙兴慜真的很爱哭。2014 年世界杯，韩国队在确定无缘淘汰赛后，孙兴慜还未走下球场就已痛哭失声。2016 年里约奥运会，韩国队在 1/8 决赛中 0 比 1 不敌洪都拉斯，韩国主帅透露，孙兴慜足足哭了一天。2018 年世界杯，在小组赛两战皆负的情况下，孙兴慜在更衣室内哭到不能自已，连韩国总统文在寅也亲自上前安慰。尽管已出线无望，但韩国队在最后一场小组赛中为荣誉而战，击败了卫冕冠军德国队，孙兴慜贡献了一粒进球。

其实，在爱哭的表象后面，是孙兴慜强烈的好胜心。在亚洲赛场，他也曾两次因错失胜利而泪洒当场。2011 年卡塔尔亚洲杯，韩国队在半决赛中被淘汰，未能挺进决赛。2015 年澳大利亚亚洲杯，韩国队更进一步

▲ 2018/2019 赛季欧冠 1/4 决赛第二回合，孙兴慜独中两元，热刺在一场惊心动魄的大战中尽管 3 比 4 不敌曼城，但仍以客场进球多的优势淘汰对手闯入四强。

闯入决赛，却憾负东道主屈居亚军。

2018 年雅加达亚运会，韩国队终于完成夙愿，2 比 1 力克日本夺得金牌。决赛中贡献了一记助攻的孙兴慜终于把伤心的泪水演变成欢笑，他激动地同队友和教练逐一拥抱，又哭又笑的表情感染着球场内外的每一个人。他从不克制自己的悲，更不会抑制自己的喜。悲痛过后，他会让自己笑得更加灿烂。

孙兴慜爱笑，这是他身边人达成的共识。他以笑的方式表达友善、真诚和开放的心态，让自己真正融入球队之中。融入意味着接纳和信任，对于闯荡欧洲的亚洲球员来说，这并非易事。在德国，孙兴慜苦学德语，最终把德语练得和母语一样流利。登陆英国仅仅一年后，他就可以自如地用英语和队友们聊天逗乐。

2018/2019 赛季，孙兴慜被评为托特纳姆热刺俱乐部最佳球员。2019 年，他在金球奖的评选中位列第 22 名，这是亚洲球员的历史最高排名。

▲ 2019 年 12 月 7 日，孙兴慜在同伯恩利队的比赛中千里走单骑，打进个人职业生涯迄今为止最精彩一球，主帅穆里尼奥将孙兴慜称为"孙纳尔多"。

▽ 2014 年世界杯小组赛第三轮，韩国队 0 比 1 不敌比利时无缘出线，孙兴慜赛后痛哭流涕。

2020年4月,英国天空体育台发起了英超历史最佳进球的评选,共有14595名球迷参与了投票,26%的人把历史最佳送给了亚洲球员孙兴慜。

那个进球发生在同伯恩利队的联赛中,孙兴慜长途奔袭70米将球送入球网。那一天,他是主教练穆里尼奥口中的罗纳尔多,他是解说员口中的马拉多纳,他是韩国球迷心中的梅西,他成就了个人职业生涯迄今为止最熠熠生辉的一个瞬间。

在有些人看来,孙兴慜仿佛突然间就登上了足球世界这座金字塔的顶层,但了解他的人都知道,他的成功毫不意外。有正确的理念教育,有强烈的胜负心驱使,有数倍于常人的努力付出,他还在努力追寻那个真正的制高点。

孙兴慜说过,他的生活中只有足球,一个纯粹地只愿做一件事的人很难不获得成功,孙兴慜让我们看到了亚洲球员可以企及的真正高度。更可贵的是,他以正面的思想和行动影响了很多青少年球员,让无数足球少年找到了值得崇拜和模仿的对象,也让他有足够的理由成为亚洲足坛的榜样。

> 2018年世界杯,韩国队尽管没能晋级淘汰赛,但他们在一场荣誉之战中2比0力克卫冕冠军德国队,孙兴慜打进一球。

埃及 「法老」 萨拉赫

穆罕默德·萨拉赫
Mohamed Salah

国籍：埃及
出生地：纳格里戈，埃及
出生日期：1992年6月15日
位置：前锋
俱乐部：莫考伦，巴塞尔，切尔西，佛罗伦萨，罗马，利物浦
俱乐部进球数：176球/409场
国家队进球数：43球/68场

总有一首歌，能让你想起他

>>>

歌名：You'll Never Walk Alone
歌手：Gerry & the Pacemakers

在伦敦的大英博物馆内，埃及法老拉美西斯二世的雕像堪称这里的镇馆之宝。2019年5月，在这尊举世闻名的雕像前方，大英博物馆展出了一件新的藏品——埃及球星萨拉赫的战靴，以此致敬这位埃及"新法老"加冕英超金靴。这是一次穿越时空的法老相会，在大英博物馆看来，这双战靴就是现代埃及的标志之一，与古老的法老雕像相映成辉。

这听上去像一个天方夜谭的故事，如果是在两三年前，恐怕连萨拉赫自己都不会相信。但是，足球再次让世俗眼光中的不可能变成了可能。

的确，埃及"法老"的成名之路布满荆棘。这个埃及乡村少年最开始踢的是左后卫，后来他由于比赛中没进球哭鼻子，教练才决定让他改踢前锋，他的命运轨迹就此改写。在成为前锋的第一天，萨拉赫就连过数人为球队取得了进球。就像克洛普后来所说的那样，进球是萨拉赫与生俱来的能力。这样的萨拉赫，怎么能当左后卫？

对于那些非洲大陆的足球天才，飞往欧洲是他们的必由之路，萨拉赫也不例外。2012年夏天，20岁的萨拉赫背起行囊，坐上了飞往瑞士巴塞尔的飞机。正是在巴塞尔，萨拉赫开始崭露头角。在这里，他赢得了"切尔西克星"的称号，在欧联杯和欧冠的交锋中，萨拉赫面对蓝军斩获3粒进球。正所谓不打不相识，这个天赋异禀的年轻人直接在实战中通过了面试，蓝军的橄榄枝自然是水到渠成。

2014年1月，切尔西以1100万英镑的价格把昔日克星变成了自己人。可是，对于一个背井离乡的年轻人而言，要想在一支星光熠熠的球队里站稳脚跟谈何容易？萨拉赫像是一个迷失在蓝桥的大男孩，那时，腼腆的埃及人在大腕云集的蓝军更衣室里埋头一隅，沉默寡言。

萨拉赫的切尔西岁月，除了在温格的千场里程碑之战中打进锦上添花的第6球外，别无亮点。当年和萨拉赫一起在切尔西壮志难酬的，还有另

▲ 2014年3月22日,切尔西主场6比0大胜阿森纳,替补出场的萨拉赫贡献了本场第6球。这场比赛恰好是温格执教阿森纳的千场里程碑之战,一场大败让教授颜面尽失。

▽ 2016年9月11日,罗马主场3比2险胜桑普多利亚,萨拉赫为球队拔得头筹。

一个日后响当当的名字——德布劳内。机会寥寥的萨拉赫需要沐浴全新的空气，去找寻一块更适合自己的足球土壤。萨拉赫就这样成为了切尔西历史上一个可有可无的名字，那时很多人都觉得，这个埃及天才已"泯然众人矣"。

从雾都伦敦出发，萨拉赫飞往了亚平宁半岛。如果说租借佛罗伦萨是萨拉赫找回魔力的开始，那么在罗马城的风生水起则是他的重生年华。在红狼军团的两个赛季，萨拉赫留下的不仅仅是34粒进球这么简单，更重要的是，埃及"法老"把自己之前隐藏的技能包彻底激活。

在前场，萨拉赫可以化身边路快马过关斩将，他的人球结合技术，变速过人能力堪称一流。也是在罗马效力期间，萨拉赫赢得了"埃及梅西"的美名。更难能可贵的是，身高仅仅1.75米的萨拉赫还有着站桩中锋般从容的背身拿球能力，他不仅仅是进攻的终结者，还可以是炮弹的输送者。

在罗马，萨拉赫度过了两个成功的赛季。所有人都说，萨拉赫，你不应该回英超。不过，萨拉赫却执拗地表示："当我离开切尔西的时候我就告诉自己，总有一天我会回来。"

2017年夏天，利物浦以创俱乐部转会身价的5000万欧元把埃及人带到了安菲尔德。那时，很多人对克洛普的这笔投资充满质疑，但是仅仅用了一个赛季，那些质疑者就纷纷改变论调，为这位埃及之王唱起了赞歌。

在利物浦，萨拉赫与克洛普的战术完美契合，高压逼抢战术让萨拉赫如鱼得水，他与马内、菲尔米诺组成的前场三叉戟让英伦对手闻风丧胆。36场比赛32粒进球，回到英超的首个赛季，萨拉赫就成为了英超金靴。这个时候，利物浦球迷才明白，克洛普为利物浦引进的不仅仅是一个火枪手，更是一个超级巨星。

在与埃弗顿的默西塞德郡德比中，萨拉赫在边路以一敌三所射入的完美弧线球让他收获2018年普斯卡什奖，但他的队友们却表示，这可能只是他这个赛季打入的第5好看的进球。如此萨拉赫，利物浦球迷怎能不爱？

△ 在利物浦，萨拉赫与克洛普的战术完美契合，他同菲尔米诺、马内组成的前场三叉戟让英伦对手闻风丧胆。

    2017/2018 赛季对萨拉赫来说几乎是完美的，他整个赛季打入 44 球。但这个赛季对于萨拉赫无疑又是不完美的，在基辅的欧冠决赛，他在拉莫斯的拉拽下肩膀着地，开场仅仅 25 分钟就因伤离场，全世界球迷都通过转播镜头看到了萨拉赫下场时不甘的泪水。

    距离欧冠圣杯如此之近，却又如此之远。如果萨拉赫在，结局会不会有不同的答案？谁也不知道。但是，萨拉赫的每个支持者都坚信，如果埃及"法老"在，历史会重新写就。上天是公平的，一年之后，这样的缺憾在万达大都会球场得以弥补。

    2018/2019 赛季的萨拉赫依旧锐不可当，他以 22 粒进球的成绩卫冕了英超金靴，而在欧冠决赛的舞台，他一开场的点球破门为利物浦的夺冠大业奏响了胜利的凯歌。当裁判吹响终场哨音的一刹那，萨拉赫与红军一起穿越风雨，沐浴着胜利的欢歌。一年前失去的，一年后终归红军，这是最好的救赎，这是最好的王者归来。

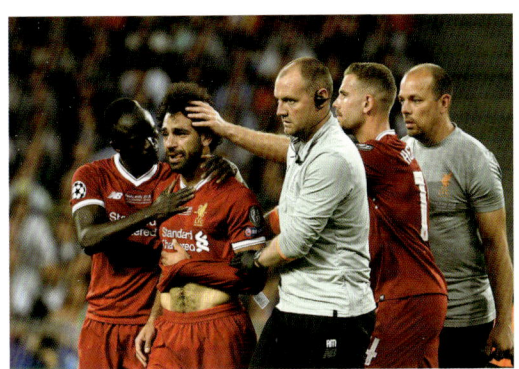

∧ 2017/2018 赛季欧冠决赛，萨拉赫遭拉莫斯拉拽，第 31 分钟便因伤离场，下场时的他遗憾落泪。利物浦失去了进攻核心，最终 1 比 3 不敌皇马无缘冠军。

> 2018/2019 赛季，利物浦队连续第二年闯入欧冠决赛，对手是同样来自英超的托特纳姆热刺，萨拉赫开场仅 2 分钟便利用点球为红军打开胜利之门。

∨ 一年前失去的，一年后终归红军，这是最好的救赎，这是最好的王者归来。

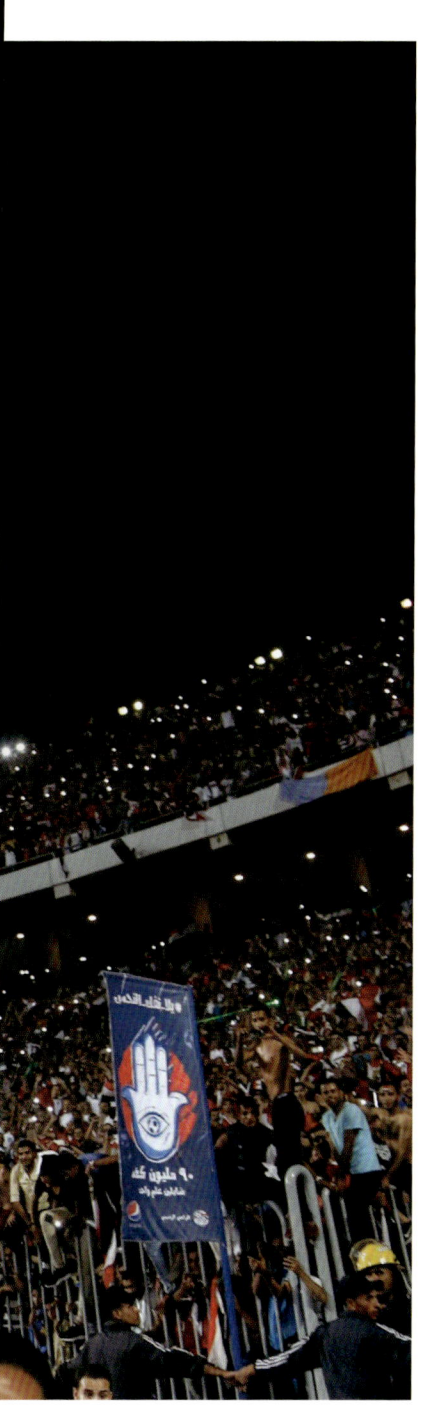

　　如果整个利物浦都为拥有萨拉赫而疯狂，那么在埃及这片非洲热土，这份疯狂还要狂热百倍。2017年10月8日的那个夜晚，在同刚果比赛的伤停补时阶段，萨拉赫顶着千钧压力打入了一粒价值连城的点球，埃及时隔27年再次回到世界杯的舞台。这一夜，沸腾的不只是一座球场，而是埃及整个国家。

　　你永远无法想象埃及人民对于萨拉赫的崇拜，他就是埃及之子，充满了信仰精神的埃及之子。在总统大选时，有100多万埃及人把选票投给了他。如果萨拉赫明天宣布竞选总统，或许这会让任何一个埃及政客感受到威胁，这就是萨拉赫之于埃及的意义。

　　如今，当你漫步在开罗的街头，萨拉赫的画像几乎无处不在，即使是那些之前对足球一无所知的人们，也会向你骄傲地高喊，"萨拉赫就是我们的天使。"而在萨拉赫的家乡纳格里戈，以他名字命名的学校也在渴望着下一个萨拉赫的到来。还会有下一个萨拉赫吗？人们无法预知。但球迷们可以拥有和拥抱的，就是当下的这个埃及之王。在遥远的利物浦，在古老又神秘的埃及，这个叫做萨拉赫的男人，都是这里的人们最为骄傲的足球信仰。

◁ 2017年10月8日，埃及主场2比1力克刚果，萨拉赫包办了本队的两粒进球，制胜点球更是发生在伤停补时第4分钟。埃及队提前1轮拿到俄罗斯世界杯入场券，萨拉赫成为了国民英雄。

一球成名

哈梅斯·罗德里格斯

哈梅斯·罗德里格斯
James Rodriguez

国籍：哥伦比亚
出生地：库库塔，哥伦比亚
出生日期：1991 年 7 月 12 日
位置：中场
俱乐部：恩维加多，班菲尔德，波尔图，摩纳哥，
　　　　皇家马德里，拜仁慕尼黑，埃弗顿
俱乐部进球数：116球 / 421场
国家队进球数：22球 / 77场

总有一首歌，能让你想起他

>>>

歌名：Stole the Show
歌手：Kygo

　　于 2014 年世界杯而言，哈梅斯·罗德里格斯犹如一道闪电。他横空出世，于足球王国的盛宴中不期而至，怀不世之才，立不世之功，少年意气，睥睨天下。

　　面对众神护佑的希腊，他世界杯首秀立斩首球；对阵非洲之象科特迪瓦，他手起刀落先拔头筹；迎战蓝武士，他凌波微步以巧破敌；1/8 决赛对战乌拉圭，他天外飞仙梅开二度；1/4 决赛遭遇东道主，他决战终程，6 球摘得金靴。

　　是他震惊了世界杯，也是世界杯改变了他的人生。

　　在那之前，人们对他的过去所知甚少，也只会按他名字的英语发音叫他詹姆斯。巴西世界杯让人们知晓，这个俊美的南美少年原来早已出类拔萃。

　　16 岁时，他为祖国哥伦比亚获得 U17 南美锦标赛的亚军，因此拿到了阿根廷劲旅班菲尔德的职业合约。阿根廷媒体将他的技术风格同 C 罗相提并论，再加上他俊朗的外形，他甚至赢得了"班菲尔德的詹姆斯·邦德"之名。

　　他 2010 年登陆欧洲签约波尔图时，葡超豪门不惜为这个刚满 19 岁的少年定下了高达 3000 万欧元的违约金。在葡萄牙国家德比中，哈梅斯替补出场，以一个长途奔袭爆射进球帮助波尔图客场力克本菲卡，就此引爆了整个葡萄牙。在葡萄牙的 3 年，哈梅斯共拿到了 7 座冠军奖杯，此外还有一项葡萄牙金球奖的殊荣。

　　他只在摩纳哥逗留了一年的时间，但就是这一年，哈梅斯成为了法甲助攻王，并入选法甲最佳阵容。他以绝对实力帮助摩纳哥缔造奇迹，从升班马直接变成了联赛亚军。赛季末，摩纳哥将俱乐部最佳球员的荣誉颁给了立下最多战功的哈梅斯。

当哥伦比亚国家队把 10 号球衣授予他时，他已经承受了蜕变前的所有打磨。那道如流星划破天际的抛物线不过是顺应了量变产生质变的定律，把一个简单执着的足球少年带进了神奇的境界，2014 年普斯卡什奖的评选在 6 月的巴西便已失去了悬念。

哥伦比亚队惜败东道主巴西的那一天，无数球迷在看到哈梅斯的泪水后瞬间心碎。他仿佛卸下了全身的铠甲，像个孩子一样泪流满面。"我哭是因为我们付出了一切，我们已拼尽全力。"世界杯八强是哥伦比亚在世界杯上取得的最佳战绩，但哈梅斯的泪水告诉所有人，他还想为自己的国家赢得更多。

巴西世界杯的大幕还没有拉上，皇家马德里便迫不及待地向哈梅斯伸出了橄榄枝。哈梅斯从没掩饰过自己是一名忠实的皇马球迷，效力摩纳哥时，他曾驱车 500 多公里赶赴慕尼黑为客场作战的皇马加油。他终于有机会在伯纳乌向皇马做出告白："为了来这里我吃了很多苦，直到愿望达成才觉得痛苦减轻了。"这番表白让无数皇马球迷为之动容。

这一天，伯纳乌涌入了 45000 名球迷参加哈梅斯的欢迎仪式，哥伦比亚驻西班牙大使还带来了总统桑托斯的祝福："哈梅斯正在改变哥伦比亚足球的历史，整个国家都在支持他。"

他在银河战舰的第一个赛季几乎做到了一切。在莫德里奇养伤期间，哈梅斯、伊斯科、克罗斯组成的皇马中场依然攻守兼备，安切洛蒂将对方门前 30 米的区域完全交予哈梅斯。赛季末，他在各项赛事中共打入了 17 球并奉献 18 次助攻，成功入选西甲最佳阵容。

但是，在贝尼特斯和齐达内的战术体系中，哈梅斯失去了属于自己的空间。虽然皇马没有继续购入大牌球星，但齐祖挖掘了很多年轻的力量，卡塞米罗的迅速崛起让银河战舰的中场竞争更加激烈。

哈梅斯也曾用惊艳的进球捍卫着自己的骄傲，但他的出场机会还是从安切洛蒂时期的 85% 下降到了齐达内时期的 43%。2015/2016 赛季和 2016/2017 赛季，皇马连续两年问鼎欧冠冠军，哈梅斯都没有得到在欧冠决赛中登场的机会，在加的夫千年球场同尤文的那场决赛，他甚至没能

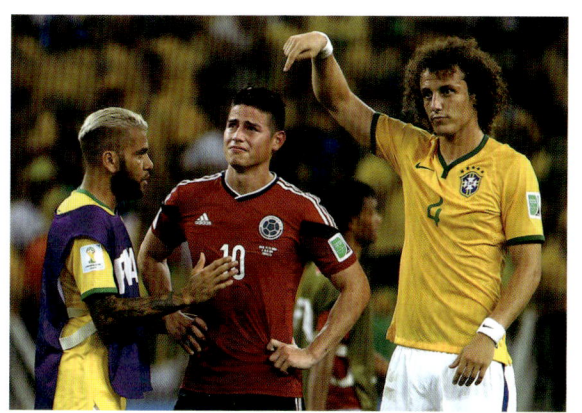

∧ 1/4 决赛被东道主淘汰之后，世界杯梦断的哈梅斯痛哭流涕，巴西队的大卫·路易斯和阿尔维斯上前安慰，并示意巴西球迷向他送上掌声。

> 2014 年世界杯 1/8 决赛，哥伦比亚 2 比 0 淘汰乌拉圭，哈梅斯·罗德里格斯包揽两粒进球，其中第一球更是精彩绝伦。

∨ 哈梅斯最终以 6 粒进球荣膺 2014 年世界杯金靴奖，这届世界杯让此前名不见经传的他一举成名。

进入球队参赛名单。

投奔恩师安切洛蒂加盟拜仁是哈梅斯无奈之下做出的选择，但他的到来被拜仁主席鲁梅尼格看作意外之喜，被海因克斯称为天赐的礼物。他第一次进入拜仁的首发阵容，就交出了两传一射的完美数据。拜仁加冕德甲六连冠的赛季里，哈梅斯贡献了6球10助攻的成绩单。

每当面对国家德比对手多特蒙德，他的创造力都会加倍迸发。正是在拜仁6比0大胜多特蒙德的比赛中，拜仁球迷以起立鼓掌的方式表达着他们对哈梅斯的感谢。也正是在德甲赛场，他时隔8年又一次上演帽子戏法。那一天，当球迷们看到他胸部停球，然后挥动左脚完成凌空抽射，每个人都自然而然联想到了2014年夏天那个让全世界惊叹的进球。随着皮球入网的清脆声音响起，巨浪般的欢呼声在安联球场瞬间汇集，拜仁球迷第二次为哈梅斯·罗德里格斯全体起立，以掌声诉说感激。眼前的哈梅斯张开双臂，尽情享受着这激动的时刻，仿佛所有灰暗时光都已经被掌声冲刷。

2018年的夏天也许是哈梅斯最痛苦的一段岁月，他的婚姻触礁，与妻子维系了6年的婚姻走到尽头，彼时正受腿伤困扰的他更加心灰意冷。也正是因为这次腿伤，他在俄罗斯世界杯的多数时间里都只能坐在替补席上。他在第2场与波兰队的小组赛中贡献了两记助攻并当选最佳球员，但第3场小组赛他只踢了30分钟就提前离场。

哥伦比亚与英格兰的1/8决赛，哈梅斯在替补席上煎熬了120分钟，他的情绪随着失球沮丧，随着进球狂喜，最终在点球大战后化为了无法抑制的泪水。从巴西到俄罗斯不过4年时间，对于哈梅斯却已经百转千回。直到队友们都走回了更衣室，哈梅斯仍孤寂地坐在替补席上久久不愿离去。是这个舞台让他触摸到了自己的梦想，但这个梦想又仿佛正离他远去。

哈梅斯的心里只有皇家马德里这个被他称为"终极梦想"的归处，他请求拜仁不要启动买断条款，但他真的能在梦想之地找回曾经的自己吗？重新回到皇马，他面临的依然是伤病和残酷的竞争，赛季13次出场数据

▲ 2014年西班牙超级杯首回合，哈梅斯·罗德里格斯打入了自己皇马生涯的第一粒进球，皇马主场1比1战平马竞。

▽ 2017年6月3日，哈梅斯随皇马赢得了个人第二座欧冠奖杯。不过，同尤文图斯的决赛，他没能进入皇马18人参赛名单。

与两年前的境遇并无异样。最终他选择了离开,第三次同恩师安切洛蒂联手。在埃弗顿,他渐渐找回了那曾经属于他的光环,从璀璨星光中走来的款款少年重新绽放出如当年般纯真的笑颜。

如果巴西世界杯就是他人生的巅峰,不妨把它看作下一段人生的起点;如果梦想的迷雾中还会让他踌躇,也不妨把它视为必经的考验寻心而行。

∧ 2020年10月3日,在埃弗顿主场4比2击败布莱顿队的英超联赛中,哈梅斯·罗德里格斯奉献两射一传,星耀全场。

< 2017/2018赛季欧冠半决赛第二回合,哈梅斯攻破了纳瓦斯把守的皇马城池,帮助拜仁将比分扳为2比2平。进球后的哈梅斯没有选择庆祝,而是向伯纳乌的皇马球迷做出了表示歉意的手势。

范戴克
红墙铁壁

维吉尔·范戴克
Virgil van Dijk

国籍：荷兰
出生地：布雷达，荷兰
出生日期：1991年7月8日
位置：后卫
俱乐部：格罗宁根，凯尔特人，南安普敦，利物浦
俱乐部进球数：42球/390场
国家队进球数：4球/37场

总有一首歌，能让你想起他

>>>

歌名：Don't Turn Off The Lights
歌手：Enrique Iglesias

  如果范戴克没有遇到利物浦，他可能还在南安普敦或英超其他等闲俱乐部里蹉跎着职业球员的黄金年华；如果利物浦没有遇到范戴克，《你永远不会独行》的歌声所传递的或许还是虽败犹荣的嗟叹，差一点豪气，少一些骄傲。

  管它呢，上面所说的都是假设。利物浦现在已经是英超和欧洲冠军了，范戴克也是毫无疑问的当世第一中卫，还有什么比这更让红军球迷志得意满的呢？虽说英雄不问出处，但在英雄春风得意的时候，有心人还是想问问，这春风究竟从何而来。

  来到利物浦之前，范戴克一共在4家俱乐部待过。荷兰的威廉二世是他足球道路的起点，但威廉二世并不看好范戴克的未来，在他决定投奔格罗宁根之前，威廉二世的梯队教练给他的评语非常简单："身材优势明显"。然后，就没有然后了。现在，轮到克洛普来给范戴克写评语，也是很简单的一句话："他物超所值"。然后，就不需要然后了。

  范戴克值多少钱？世界第一中卫值多少钱？2013年1月，范戴克从格罗宁根转会到苏超班霸凯尔特人的时候，转会费为280万欧元，用时任凯尔特人主帅列侬的话说，他们捡了个"大便宜"。而当时国际足联评选的世界最佳阵容当中，后防线上的拉莫斯和皮克身价都是近3500万欧元。

  2015年9月，范戴克加盟南安普敦时，荷兰人的转会费已升到1570万欧元。时间一晃到了2018年1月，等范戴克披上红军战袍时，利物浦为他掏出的转会费飙升至8470万欧元，即便如此，克洛普依然说他物超所值。

  其实，不管是在格罗宁根还是后来的凯尔特人，范戴克都展现出了一名超级中卫的素质，他之所以能在顶级后卫的江湖中一路登顶琅琊榜首，靠的也不仅仅是"优势明显"的身材。效力凯尔特人期间，范戴克就让苏超各路前锋领教过他密不透风的防守。在2013/2014赛季的一场比赛中，范戴

︿ 2016 年 12 月 28 日，南安普敦队主场迎战劲旅托特纳姆热刺，范戴克开场仅 2 分钟便为南安普敦首开纪录。

克在中场拦截失败，对手 4 名球员之间开始传导球向前推进，范戴克一路追着疯狂逼抢，直到把对手逼入死角后断球成功，这是范戴克式的性格，范戴克式的防守。他的倔强让自己变得越来越强，也有了越来越大的野心。

当然，范戴克的足球生涯也并不是一路高走。作为荷兰足球的新生一代，他无力辅佐斯内德、罗本这些功勋老臣延续郁金香的芬芳。在百花盛开的多彩金秋，荷兰足球却提前坠入寒冬，范戴克置身其中，无可奈何。两年中先后无缘法国欧洲杯和俄罗斯世界杯，范戴克的国家队生涯是从谷底的黑暗角落开始的，但他从未停下向上攀爬的脚步。

2018 年 3 月，主教练科曼将国家队的队长袖标交给了 27 岁的范戴克，那也是荷兰足球一个新时代的开始。摆脱掉沉沉暮气，焕发出勃勃生机，人才喷涌，竞露锋芒，这才是人们期待中荷兰足球的本来面貌。2019 年，荷兰队顺利拿到欧洲杯入场券，欧洲国家联赛获得亚军，范戴克和队友们用出色的成绩宣告了橙衣军团的回归，荷兰足球新的黄金一代呼之欲出。

△ 2018年11月19日，欧洲国家联赛A级A组最后一轮小组赛，范戴克伤停补时打进一球，帮助荷兰客场2比2险平德国，从而以净胜球之优力压同组另一个对手法国，闯入欧国联四强。

对于范戴克来说，此生伯乐有两人，其一必然是渣叔，其二就是国家队主帅科曼。范戴克当时从凯尔特人改换门庭加盟南安普敦，就是收到了时任圣徒主教练科曼的邀请。在南安普敦的两个半赛季，范戴克得到了来自教练、队友和球迷的绝对信任，那两年的南安普敦深陷泥潭，随球队在榜尾苦苦挣扎的经历却给了范戴克自我修炼的天赐良机。在英超各队的炮火洗礼下，范戴克的铁卫属性也在一点一点地加成，他并没有为南安普敦赢得任何荣誉，但他为自己在英超乃至全欧洲都赢得了巨大的声誉。

2016/2017赛季主场对阵利物浦的比赛，面对红军一波未平一波又起的凌厉攻势，范戴克领衔的南安普敦防线异常骁勇，用滴水不漏的表现让利物浦无功而返。圣徒最终0比0逼平了当时排名积分榜首的红军。那一仗过后，克洛普告知利物浦管理层，他想得到对手阵中的那个大个子后卫，他是利物浦迫切需要的球员。

还记得范戴克到来之前的利物浦吗？大开大合，激情四射，那时红军的比赛哲学只有一个：进球比丢球多就行。克洛普给红军注入了一往无前的狂野风范，但也渐渐养成了球队顾头不顾尾的小毛病。因此，当克洛普意识到这支红军激情有余稳定不足的时候，他为球队找到的终极解决方案就是范戴克。

2017年底，范戴克成功"参军"，在当时成为了世界足坛历史上最贵的后卫球员，而他只用了一场比赛就证明了自己配得上8470万欧元的身价。2018年1月6日，足总杯对阵埃弗顿，范戴克的利物浦首秀就赶上了默西塞德郡德比。范戴克头球绝杀，红军击败同城死敌。一战成名，万人高呼，还有比这更令人激动的剧本吗？

当然，进球不是范戴克的本职工作，也不是克洛普找他加盟的初衷。在利物浦的这几年，范戴克一次次地演绎着教科书式的防守，比如那次面对孙兴慜和西索科的双鬼拍门，范戴克用一招欲擒故纵把西索科赶上了独木桥，导致后者盲目起脚，红军球门转危为安。

加盟利物浦之后的第一个赛季，范戴克就站在了欧冠决赛的赛场上，只可惜，门将卡里乌斯两次错乱的反应拆掉了利物浦的冠军阶梯。不过，一年后，这次刻骨铭心的失败经历催生出了一支更加强大的利物浦和一个更加强大的范戴克。

如今的他，早已不是当年那个只有"身材优势明显"的毛头小伙了，回追快、头球准、位置好、出球稳，范戴克已经集一个顶级中后卫的所有才华于一身。整个2018/2019赛季，范戴克没有一次被对手过掉，362次和进攻球员的一对一对抗，范戴克全部取胜，这是何等的不可思议！该如何定义2019年的范戴克？他是欧冠冠军，他是世俱杯冠军，他是英超最佳球员，他是欧足联最佳球员，他在世界足球先生及金球奖评选中位列次席，"世界第一中卫"实至名归！

正所谓千军易得，一将难求，如今的范戴克兼具临危不乱、指挥若定的将才风范，一如当年的普约尔、卡纳瓦罗、巴雷西、贝肯鲍尔。不，他就是范戴克，他还不到30岁，他还要在利物浦成就更伟大的后卫传奇，从过去到未来，他一直是红军门前最值得信赖的"红"墙铁壁。

- 2018年1月5日,范戴克上演利物浦完美首秀,他在足总杯第3轮中攻入绝杀球,使得红军2比1力克德比死敌埃弗顿。
- 2019年8月29日,在摩纳哥进行的欧足联颁奖典礼上,范戴克当选为欧洲年度最佳球员及最佳后卫。
- 2019年6月1日,在战胜托特纳姆热刺之后,范戴克和利物浦队终于登上了欧洲之巅,弥补了一年前错失冠军的遗憾。

全能真核

德布劳内

凯文·德布劳内
Kevin De Bruyne

国籍：比利时
出生地：德龙恩，比利时
出生日期：1991 年 6 月 28 日
位置：中场
俱乐部：亨克，切尔西，不来梅，沃尔夫斯堡，曼城
俱乐部进球数：105 球 /455 场
国家队进球数：19 球 /75 场

总有一首歌，能让你想起他

>>>

歌名：Ever Since the World Began
歌手：Survivor

　　《丁丁历险记》是比利时漫画家埃尔热创作于 20 世纪 30 年代的作品，被誉为比利时国宝级漫画，它讲述了一个叫丁丁的比利时记者在全世界历险的奇遇故事。丁丁有着白皙的皮肤和一撮金黄色的头发，外形上跟同为比利时人的德布劳内颇有几分相似，这就是球迷们为什么会称德布劳内为"丁丁"的原因。

　　生活中的德布劳内就像漫画里的丁丁那样，是个很少发火的谦逊少年，安静沉稳，顾念家庭，疼爱妻儿，是个标准的好男人。在这样的画面里，你是不是觉得"丁丁"德布劳内有几分可爱呢？

　　不过，在球场上，德布劳内的对手可不觉得他可爱，尤其是这两年，他已经成为了曼城队的绝对核心，世界上最好的中场球员之一。德布劳内的传球造诣、射门功夫、大局意识、身体素质都已经达到了世界顶级水准，考虑到他还不到 30 岁的年龄，德布劳内的上限还有可能继续突破人们的想象。

　　曼城主帅瓜迪奥拉是个极致的完美主义者，素以精益求精著称，他对手下弟子的要求之严苛人所共知。执教巴萨时期，瓜帅把伊涅斯塔和哈维磨练成世界传奇中场，他们二人就是瓜迪奥拉打造中场球员的理想模板，哪怕与他心中的完美模型有丝毫偏差都无法让他满意。不过即便如此，德布劳内依然征服了瓜迪奥拉。

　　如果仔细观察，你会发现德布劳内的助攻其实和哈维、伊涅斯塔有着细微差别。巴萨双魂总是出现在人群密集的地方，人越多，球传得越精妙，他们喜欢在短兵相接中突施魔法，手术刀一抖，见血封喉。而德布劳内的助攻可以发生在任何时间、任何位置，只要能看得到的机会，他就一定能把球传到最合适的落点。队友的跑动线路、对方后卫的移动方向、门将的出击距离，在德布劳内抬头观察的一瞬间，这些未知因素就已经在他头脑中转化为了数字信号，通过肌肉的传递让出球的分量、角度、旋转都

△ 2019年8月17日，曼城主场迎战托特纳姆热刺，德布劳内精准助攻斯特林破门，整个传球过程妙到毫巅，力道、弧度、精度都让人拍案叫绝。

恰如其分。

就空间的观察和利用能力而言，哈维自然是绝世高手，德布劳内则是当世最接近哈维高度的球员。他的传球已经可以精确到给射门球员的左脚还是右脚，其中很多传球看似无奇，但实则玄妙，这是大师的气象，也是他征服英超、征服瓜迪奥拉的绝技所在。

其实早在效力沃尔夫斯堡时期，德布劳内就征服过瓜迪奥拉了。2014/2015赛季德甲联赛，瓜迪奥拉麾下的拜仁慕尼黑做客沃尔夫斯堡吞下一场1比4的惨败，当时效力狼堡的德布劳内两脚射门全部命中死

▲ 2015/2016 赛季欧冠 1/4 决赛第二回合，曼城在伊蒂哈德球场 1 比 0 力克巴黎圣日耳曼，历史上首次闯入欧冠四强，德布劳内攻入全场唯一进球。

▼ 2015 年 1 月 30 日，沃尔夫斯堡主场 4 比 1 大胜拜仁慕尼黑，德布劳内和队友多斯特各有两球进账。本场比赛，德布劳内的出色表现打动了时任拜仁主帅瓜迪奥拉。

角,让拜仁门将诺伊尔无计可施。

从那场比赛开始,瓜迪奥拉就对德布劳内念念不忘,并试图说服拜仁俱乐部在2015年夏天挖角狼堡,签下这个能传善射的比利时新星。那个赛季,德布劳内在个人数据上异军突起荣膺欧洲助攻王,帮助沃尔夫斯堡拿到联赛亚军杀进欧冠正赛。所以,不怪当时德布劳内的经纪人坐地起价,直接给丁丁标价6000万欧元。但这让在引援方面从来都是精打细算的拜仁打了退堂鼓,而挥金如土的曼城则趁机入局,一分钱没砍不说,还加价1000万欧元直接吓退包括曼联、尤文在内的诸多竞争对手,将24岁的德布劳内带到了伊蒂哈德球场。

英格兰赛场对于当时的德布劳内来说并不陌生,2012年,切尔西将德布劳内从比甲亨克队签下。然而,斯坦福桥并没有给德布劳内打开自由驰骋的绿灯,更信任老将的主帅迪马特奥没有给他机会,德布劳内很快就被租借到德甲不来梅锻炼。那时候的他还怀抱着有朝一日重返蓝桥建功立业的梦想,他也确实做到了。一年后,看到德布劳内在不来梅的优异表现,切尔西俱乐部果断将他召回伦敦。

此时的切尔西队中,执拗的迪马特奥已经离队,接过教鞭的是更加执拗的穆里尼奥。狂人不是园丁,他的功利足球对球员的要求从来都是即插即用,没有那么多机会给新人成长练级。因此,半年时间只捞到9次出场机会的德布劳内为情势所迫,非走不可。

2014年1月,重回德甲的德布劳内选择了狼堡。从此,天高任鸟飞,更何况他还是只羽翼丰满的猎鹰,重获自由之后,再也没有一片乌云能阻挡他鲲鹏翔宇的豪情。

在前比利时国家队主帅威尔莫茨的眼里,德布劳内很像当年的齐达内。2014年世界杯1/8决赛,比利时队全场狂轰滥炸,美国门将霍华德高接低挡有如神助。双方鏖战至加时赛,比利时一干青年才俊几乎技穷无策,正是德布劳内在禁区里连过两人后低射打破僵局。随后他又助攻卢卡库锁定胜局,让欧洲红魔涉险过关,23岁的德布劳内那时已经有了领兵解困挺身破局的大将之风。

▲ 比利时队在 2018 年世界杯 1/4 决赛中淘汰了强大的巴西，德布劳内禁区前的穿云箭攻入本队第二球。

    4 年后的俄罗斯世界杯是比利时黄金一代的汇报演出，对阵日本队的 1/8 决赛，德布劳内在读秒阶段策划了那次经典的反击绝杀。他对于进攻节奏的精妙把控让日本防线顾此失彼，这是那粒绝杀球的关键所在。

    1/4 决赛苦战桑巴军团，德布劳内禁区前的穿云箭为比利时队扩大比分，他们最终 2 比 1 淘汰巴西晋级四强。世界杯季军的成绩是比利时年轻一代成长的勋章，对德布劳内来说，比利时的足球梦想也始终是他的足球梦想。

    奥利维里是德布劳内在亨克青年队的教练，他在谈到爱徒时总是说："他从不满足，他讨厌失败，这是他一直向前的动力。"曼联功勋队长加里·内维尔在解说曼市德比时，也曾经"很不情愿"地称赞德布劳内集合了贝克汉姆和斯科斯尔的特点，射门及长传技术都达到了随心所欲的境界。能赢得同城死敌名宿的点赞，足以说明德布劳内在英超的服众表现。

    他是目前世界足坛难得的全能型中场，毫无疑问的曼城真核，在越来越多人的关注下，那个在球场上安静踢球的丁丁继续着他的足球历险。也许当他攀上最高的山峰，他也将成为这个足球时代新的主角。

格里兹曼
高卢骑士

安托万·格里兹曼
Antoine Griezmann

国籍：法国
出生地：马孔，法国
出生日期：1991年3月21日
位置：前锋
俱乐部：皇家社会，马德里竞技，巴塞罗那
俱乐部进球数：200球/500场
国家队进球数：32球/82场

总有一首歌，能让你想起他

>>>

歌名：My Victory
歌手：Crowder

2018年7月15日，莫斯科卢日尼基球场。在一场突如其来的大雨中，高卢雄鸡法国队终圆旧梦，时隔20年再登世界巅峰。大力神杯的光环照耀着他们每一个人，那时那刻，已分不清他们的脸上是雨还是泪。

在这场世界杯史上少有的大开大合的决赛中，格里兹曼打入一球并制造一记乌龙，为法国队登顶立下奇功，他也以4粒进球的成绩获得了世界杯银靴奖和铜球奖。遥想20年前，只有7岁的格里兹曼曾在克莱枫丹基地向刚赢得世界杯的法国队员索要签名，如今，27岁的格里兹曼已站在了和前辈们同样的高度。

与同样在决赛中进球的姆巴佩和博格巴不同，格里兹曼并未像他们那样出身名门、年少成名。由于身材瘦小，格里兹曼少年时代曾处处碰壁，他试训过很多家俱乐部，但最终都没能留下。

14岁那年，格里兹曼在蒙彼利埃俱乐部试训，一场教学比赛引起了西班牙客人的关注。当时身处西甲中下游的皇家社会队发来邀约，被多支法国球会拒绝的格里兹曼就这样远赴西班牙，来到了风景如画的海滨城市圣塞巴斯蒂安。

在皇家社会青训营打磨几年后，格里兹曼遇到了自己的恩师、来自乌拉圭的主教练拉萨尔特，正是在拉萨尔特麾下，格里兹曼第一次得到了进入一线队的机会。那时的皇家社会已降入西乙，拉萨尔特对年仅18岁的格里兹曼委以重任，在皇家社会杀回西甲的历程中，格里兹曼起到了决定性作用。虽然远离成材率更高的法甲青训，但在一个并不起眼的二级联赛中，格里兹曼也可以在18岁的年纪崭露头角。他在20岁左右已成为皇家社会的当家前锋，并帮助这支沉沦已久的球队时隔10年重返欧冠赛场。

2013/2014赛季欧冠附加赛，格里兹曼随皇家社会做客里昂，那是他儿时支持过的球队，也曾在试训中被拒之门外。那一天，诞生了格里兹曼

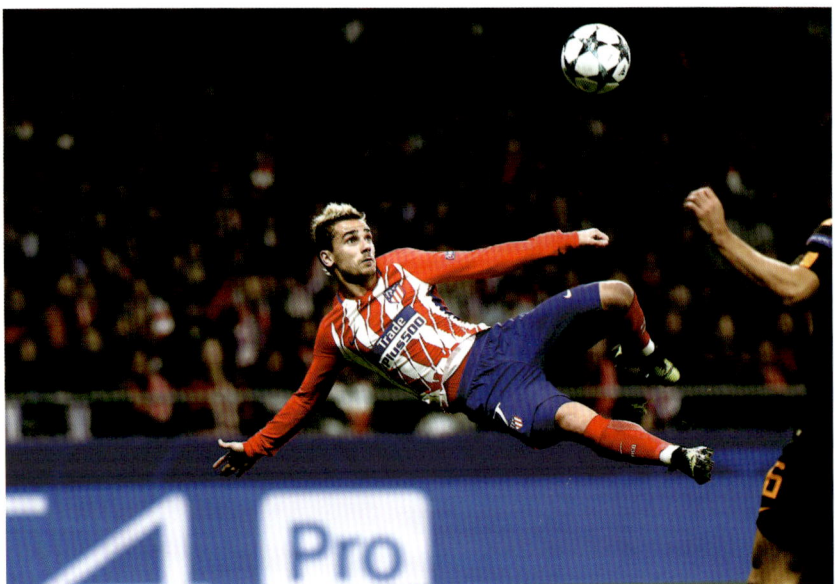

△ 2014 年 1 月 5 日，皇家社会在西甲联赛中主场 2 比 0 击败毕尔巴鄂竞技，格里兹曼为球队首开纪录。

▽ 2017 年 11 月 22 日，在马德里竞技同罗马队的欧冠小组赛中，格里兹曼腾空而起，打进一记精彩绝伦的侧钩进球。

格里兹曼　高卢骑士　　　　　　　　　　　　　　　　　　　　Antoine Griezmann

△ 在2017/2018赛季欧联杯决赛中，格里兹曼梅开二度，帮助马德里竞技3比0完胜马赛夺冠。捧杯时刻，与家人一起分享无疑是最甜蜜的。

职业生涯的一粒美妙进球。他飞身跃起，以极为舒展的凌空倒钩敲开了里昂队的大门，在将法甲七冠王踢出欧冠正赛的同时，也带领西甲黑马皇家社会继续狂奔。这就是当年那个不被认可而无法留在法国国内的少年，从这粒技惊四座的进球开始，格里兹曼的名字传向欧洲足坛中心舞台。4年后，已成为巨星的格里兹曼曾在欧冠赛场用几乎相同的动作攻破罗马队的球门，那被很多人认为是他职业生涯的最佳进球，殊不知，早在20岁出头的年纪，名不见经传的格里兹曼就已凭借一记类似的世界波而惊艳欧冠了。

　　2014年，格里兹曼告别待了9年的皇家社会，加盟当时的西甲卫冕冠军及欧冠亚军马德里竞技。西蒙尼正将马竞打造成一支铁血之师，在西甲双雄皇家马德里和巴塞罗那的夹击下奋力突围，在联赛和欧冠赛场陆续写下辉煌。格里兹曼的到来让马竞延续了代代神锋的传统，他在马竞的第一个赛季就成为了西甲单赛季进球最多的法国人，在西甲最佳阵容的评选中和C罗梅西同列锋线三星。

此时的格里兹曼已真正走上了巨星的道路，以灵动的杀手本色弥补着自己身材并不突出的劣势。2015/2016赛季，马德里竞技在欧冠中卷土重来，他们时隔两年重返决赛。这本应是格里兹曼征服欧洲的舞台，然而在决赛中，下半场刚刚开始两分钟，格里兹曼一记击中横梁的点球却成为了他永远的痛。在常规时间内未能拿下皇马的马竞最终还是倒在了点球大战，床单军团再次屈居亚军。

一个月后在法国本土举行的欧洲杯，格里兹曼以6粒进球包揽了赛事金靴奖和金球奖，但他又输掉了一场重要决赛。法国队0比1惜败于葡萄牙队，在化茧成蝶的C罗高举德劳内杯的时刻，高卢雄鸡的一个黄金时代只能宣告推迟。虽然格里兹曼在2016年金球奖评选中高居第三位，但这一年个人状态爆棚却缺乏集体荣誉的事实仍让他无限失落。

不过，错失的遗憾很快得到弥补。2017/2018赛季欧联杯的赛场上，格里兹曼大发神威，决赛中面对来自祖国的对手马赛，他连下两城，帮助马竞在9年内第3度封王欧联杯。那时的格里兹曼春风得意，除了进球和荣誉之外，他还紧跟时尚潮流，创造出一系列花样繁多的庆祝动作，成为世界足坛的一道风景。他始终像个无邪的少年，和一群年龄相仿、志同道合的法国年轻人一起，正在构筑自己的时代，他们只缺一座分量最重的金杯，从而真正实现对世界的征服。

2018年世界杯，高卢雄鸡再次迎来机会，格里兹曼继续扮演着法国队锋线杀手的角色，他和姆巴佩的联手冲击让法国队连闯数关。同乌拉圭的1/4决赛中，格里兹曼奉献一传一射，以全场最佳的表现带领法国队继续突围。不过，他在进球后并未庆祝，而是默默地走向球场另一端，这个有些意外的举动引起了全世界球迷的关注。原来，格里兹曼一直视乌拉圭为自己的第二故乡，虽然从未去过那里，但他职业生涯的重要领路人拉萨尔特正是乌拉圭人。在西甲效力期间，他又同戈丁、布埃诺、希门尼斯等乌拉圭球员建立了深厚的友谊，他甚至有喝拉丁美洲传统马黛茶的习惯。淘汰乌拉圭队后，格里兹曼并未加入庆祝的队伍，他紧紧抱住比赛尚未结束时就已泪流满面的乌拉圭后卫希门尼斯，在安慰好友的同时，也对自己

格里兹曼　高卢骑士　　　　　　　　　　　　　　　　Antoine Griezmann　| 065

▲ 2016年欧洲杯半决赛，法国队2比0力克德国队晋级决赛，格里兹曼包办了两粒进球。进球之后，格里兹曼展示了独特的庆祝动作，他的灵感来自加拿大说唱歌手德雷克MV中的舞蹈。

的"第二故乡"表示了最大程度的尊重。

　　法国队在12年后重回世界杯决赛，而20年前的金杯荣耀时刻正在向他们招手。决赛中，格里兹曼先是开出任意球造成曼朱基奇的乌龙，为法国队先拔头筹。在被克罗地亚队扳平之后，他又罚进点球，帮助球队再度超出比分。此外，博格巴的进球也是来自格里兹曼的助攻，在卢日尼基的决赛之夜，格里兹曼奉献了全场最佳的表演，高卢雄鸡毫无争议地登上了世界冠军的领奖台。

　　这个曾被法国足球抛弃的天才，这个从未在法国优秀的青训土壤中得到滋润的幼苗，已在其他地方生根发芽，并成长为参天大树，以逆袭的姿

▲ 2018年世界杯,格里兹曼帮助法国队夺得大力神杯。他在决赛中先是主罚任意球造成对方的曼朱基奇自摆乌龙,之后又罚进一记点球,法国队4比2击败格子军团克罗地亚。

▲ 2019年11月27日,巴塞罗那在欧冠小组赛中主场3比1战胜多特蒙德,巴萨新三叉戟MSG组合格里兹曼、梅西和苏亚雷斯各入一球,这也是格里兹曼加盟巴萨后打进的首粒欧冠进球。

态让自己的祖国球队在世界足坛名留史册。

  在第二次获得金球奖第三名的荣誉后,格里兹曼以1.2亿欧元的身价转会巴塞罗那,开启了自己足球生涯崭新的篇章。站在梅西的身旁,格子不再像效力马竞时那么星光耀眼,但他依然是那个满怀梦想的人。在29岁的年纪,十几年前艰辛的往事仍扑面袭来,不时提醒着他,要时刻像当年自己的逆袭一样,追寻梦想,功成名就,又要时刻向往着全新的荣誉,全新的时代,展望着在一个全新的领域中盛装加身。

一往无前
阿扎尔

埃登·阿扎尔
Eden Hazard

国籍：比利时
出生地：拉卢维耶尔，比利时
出生日期：1991年1月7日
位置：中场
俱乐部：里尔，切尔西，皇家马德里
俱乐部进球数：161球/563场
国家队进球数：32球/106场

总有一首歌，能让你想起他

>>>

歌名：Love too Much
歌手：Keane

  2019年夏天，阿扎尔正式加盟皇家马德里。在这之前，皇马已经连续好几年向比利时天王抛出了橄榄枝，但始终未能在费用上达到切尔西的预期。最终，当弗洛伦蒂诺孤注一掷，向斯坦福桥甩出1亿欧元的支票后，才终于把阿扎尔带上了飞往马德里的航班。

  对蓝军来说，阿扎尔是队内无可争议的头号球星，也是当今世界足坛最好的攻击型中场，1亿欧元的买卖稳赚不赔。要知道，7年前，切尔西将21岁的阿扎尔从里尔队买断时只花了3000万欧元。而在那一年，比利时国家队连续第3次无缘欧洲杯正赛，名号响当当的欧洲"红魔"上一次亮相世界大赛的舞台还是在遥远的2002年韩日世界杯。

  阿扎尔的成长与比利时足球的崛起相得益彰。2018年世界杯，比利时黄金一代闪耀俄罗斯，这支球队中天才云集，曼城真核德布劳内、蓝月队长孔帕尼以及"小魔兽"卢卡库都是能够独当一面的超级球星。不过，主帅马丁内斯还是将队长袖标交给了阿扎尔，阿扎尔也用足够出色的表现带领球队拿到季军，向全世界宣告比利时足球在他们的脚下已经今非昔比。

  比利时击败英格兰的那场三四名决赛，里尔俱乐部的前青训主管瓦尔达姆就在现场，阿扎尔的表现他都看在眼里。他庆幸自己当年慧眼识珠，坚持把阿扎尔从比利时的无数草根少年中选进里尔青训营，让他超乎常人的足球天赋得以茁壮生长。

  阿扎尔身上拥有甩都甩不掉的足球基因，因为他的父母都曾是足球运动员。如此强大的遗传因素让阿扎尔和3个弟弟都成为了出色的球员，其中，二弟索尔根如今在多特蒙德踢得风生水起，身价已飙升至5000万欧元，三弟基利安在布鲁日的表现同样可圈可点，四弟伊桑则在当地的蒂比兹青年队等待脱颖而出。

2018 年世界杯小组赛第 2 轮，阿扎尔独中两元，比利时 5 比 2 大胜突尼斯提前小组出线。

当然，四兄弟之中，大哥埃登·阿扎尔身上的足球 DNA 体现得最为淋漓尽致。2007 年 11 月，他在完成里尔一线队首秀的时候，还只有 16 岁。在里尔的 4 年，阿扎尔的成长速度惊人，3 年内从法甲最佳新秀蜕变为法甲最有价值球员，各路欧洲豪门更是对他"觊觎"已久。

2010 年，彼时还在皇马担任主席顾问的齐达内就断言阿扎尔必成大器，并力荐俱乐部高层签下阿扎尔。不过，皇马前一年已经一次性网罗了 C 罗、卡卡、本泽马等超级大腕，哪里看得上一个在法甲初出茅庐的毛头小伙？所以，弗洛伦蒂诺当时的态度是再等等看。结果这一等，就是 9 年。

2010/2011 赛季，阿扎尔带领里尔豪取国内赛事双冠王，创造了俱乐部的辉煌成就，一下子让自己成为了里尔这座城市的英雄，里尔球迷恨不得在市政厅前的广场给阿扎尔立一尊雕像。

▲ 2010/2011 赛季法国杯决赛，里尔 1 比 0 力克巴黎圣日耳曼夺冠。阿扎尔赛后被高高举起，接受里尔球迷的欢呼。

2016 年欧洲杯 1/4 决赛，比利时队恰巧是在里尔对阵威尔士，里尔球迷自然因为阿扎尔的原因而站在了比利时队这一边，他们对阿扎尔的喜爱从未因他的离开而减少半分。只可惜，阿扎尔那场比赛表现平平，"红魔"被"红龙"淘汰出了欧洲杯四强。

在阿扎尔 2012 年决意转会切尔西的时候，里尔球迷阵营里没有太多反对的声音，因为他们清楚，阿扎尔这样的"真龙天子"是不愿也不该委身于此的。

阿扎尔是不是真龙，他在切尔西的表现说明了一切。不过，来到切尔西的第一年，阿扎尔就因为那次脚踢球童的"恶行"被英国媒体口诛笔伐。那是联赛杯半决赛次回合做客斯旺西，主场球童为拖延时间，像门将一样把球压在身下就是不肯交出，心急火燎的阿扎尔直接起脚踢向皮球，球童当即痛苦翻滚，阿扎尔因此被红牌罚下。尽管事后证明这名球童有

∧ 2017年2月4日,阿扎尔在同阿森纳的伦敦德比中上演精彩的一条龙破门,切尔西主场3比1获胜。

∨ 夺得2018/2019赛季欧联杯桂冠后,阿扎尔向奖杯献上深情一吻。在4比1大胜阿森纳的决赛中,阿扎尔奉献两射一传。

做戏成分，但后来回想这一幕，阿扎尔仍然认为那是他职业生涯很重要的一课。

好在当时的阿扎尔并没有受到影响，风波过后，他迅速成为了蓝军阵中的核心球员。在切尔西的 7 个赛季，阿扎尔帮助蓝军两夺英超冠军。英超赛场历来都是群贤毕至，强者为王，能在每个赛季都维持高能表现的人一定有着不凡的球场造诣。而且，像阿扎尔这样的攻击型中场，每场比赛必然受到对手的重点关照，但阿扎尔不仅很少受伤，助攻和进球两开花的表现更是不胜枚举。

2016/2017 赛季对阵阿森纳的比赛中，阿扎尔从中场开始以一敌四，直捣黄龙。阿森纳多名球员竭力想要阻止他的推进，但阿扎尔就像一辆开足马力的超级跑车，把挂在自己身上的枪手中场悍将科奎林甩得找不着北，然后晃晕科斯切尔尼攻破了切赫的球门，这是阿扎尔个人突破能力的完美展现。像这样让人肾上腺素飙升的个人表演，在他职业生涯里不止一次出现。

在阿扎尔心中，自己蓝军生涯最满意的一场比赛就是 2018/2019 赛季的欧联杯决赛，对手又是阿森纳，阿扎尔两射一传，带领切尔西 4 比 1 获胜，赢下欧联杯冠军。可惜的是，阿扎尔在切尔西的最佳比赛也是他在切尔西的最后一场比赛，这也算是他为蓝军球迷送上的临别厚礼。

阿扎尔用 7 年时间成为了斯坦福桥的球王，和他共事过两年的穆里尼奥曾如此表达对阿扎尔的喜爱："我不羡慕巴塞罗那，因为我们也有一个梅西。"

跟穆帅有相同感言的还有前比利时主教练威尔莫茨。2014 年，威尔莫茨麾下的比利时青年军在巴西世界杯上让人眼前一亮。阿扎尔、德布劳内、奥里吉、卢卡库、费莱尼、库尔图瓦等一众新人涌现，让人们看到了欧洲"红魔"昔日的风采。小组赛次战俄罗斯，正是阿扎尔在第 88 分钟助攻奥里吉绝杀对手，送比利时队提前出线。

那是比利时青春风暴的起点，这批球员经过一个世界杯周期的历练更为成熟，俄罗斯世界杯的到来恰逢其时，黄金一代大放异彩，水到渠成。

而且，这绝不是这支比利时队的极限，也不是阿扎尔个人的极限。

加盟皇马之后，由于受到伤病的影响，阿扎尔还没有完全展现出在切尔西时呼风唤雨的才华，一度陷入职业生涯的灰暗期。不过，就像他自己立志的那样，伤病不会成为击倒他的巨石。相信用不了太长时间，阿扎尔定会重新回到巅峰，就像他的突破一般，一往无前，势如破竹。

▲ 2019 年 10 月 5 日，在皇马主场 4 比 2 击败格拉纳达的西甲联赛中，阿扎尔收获了个人皇马生涯处子进球。

◀ 2014 年巴西世界杯，比利时青年军的表现让人眼前一亮，阿扎尔、德布劳内、卢卡库、库尔图瓦等一众新人的涌现，让人们看到了欧洲"红魔"昔日的风采。

总有一首歌，能让你想起他

\>>>

歌名：Arms Open
歌手：The Script

"背地里我们都叫你'冰人'。"皇马按摩师偷偷把这个小秘密告诉了克罗斯。相较于西班牙人的热情个性来说，托尼·克罗斯冷静、专注、不苟言笑，做起事来认真、专业、极具匠人精神，所以在皇马球员、球迷和工作人员眼中，他很"德国"，也很"冰冷"。

不过在德国球迷眼中，克罗斯并无二样，德国人还会再加上一个形容词"低调"。他总是故意躲在人群背后，巴西世界杯夺冠后，德国总理默克尔到更衣室看望球员们，拍下了很多张欢庆的合影，但是没有一张照片里出现过克罗斯的正脸。在其中最著名的一张集体照中，所有球员都围在默克尔身边对着镜头大笑，只有一名球员坐在自己的衣柜前，弯腰侍弄着球鞋，这个人就是托尼·克罗斯。

因为低调，克罗斯人生中的很多辉煌瞬间都被掩盖了光芒，甚至连德国球迷也已经很少记起他在少年时代有多么优秀。事实上，他是德国 U17 国家队的队长，也是 2007 年 U17 世少赛的最佳球员，18 岁时就代表德国 U21 青年队出战，还被评选为德国最佳年轻球员。

克罗斯一度保持着拜仁慕尼黑队史最年轻球员联赛出场纪录，直到 2010 年被阿拉巴打破。他的德甲处子秀堪称完美，2007 年 9 月 26 日对战科特布斯，17 岁零 265 天的克罗斯第 72 分钟替补出场，随后就两次助攻克洛泽完成破门。性格同样低调的克洛泽如此评价那时的克罗斯："如果这个孩子长大后不能成为球星，那我就是球盲。"

克罗斯从少年时代起给人的感觉就是极度冷静和波澜不惊。被租借到勒沃库森后，他得到了名帅海因克斯的指导，在左前卫的位置上飞速成长。几年后，这段师徒情缘又在拜仁得以延续，每当克罗斯对位置感产生迷茫时，总是最了解他的海因克斯为他指点迷津。2020 年，当已经退休的老帅安度自己的 75 岁生日时，平日里讷口少言的克罗斯突然深情表白："我确信如果没

◁ 2007年9月26日，拜仁慕尼黑主场迎战科特布斯，17岁零265天的克罗斯迎来自己的德甲处子秀，他在第72分钟替补出场，随后就两次助攻克洛泽完成破门，表现堪称完美。

有您的信任，就不会有我的今天。"

克罗斯的"不会说话"曾让他遭受过很多质疑。2010/2011赛季，克罗斯租借期满重返拜仁，他在摄像机前表示"与拜仁签约不到10分钟就后悔了"，克罗斯对此的解释是，鲁梅尼格把签约当成了对他的恩赐。拜仁的高傲和克罗斯的骄傲在某种程度上相互抵触着，谁都不愿意先软下来。

随着海因克斯的到来，克罗斯迎来了回归拜仁后的最好状态，尤其是他的传球能力，成功率90%以上的数据足以让他跻身世界最佳中场之列。2011/2012赛季，拜仁一路战至欧冠决赛，克罗斯贡献了8次助攻。但正是这场在安联竞技场进行的欧冠决赛拉大了克罗斯和拜仁间的裂痕，克罗斯拒绝在同切尔西的点球大战中登场主罚，这被拜仁俱乐部视之为懦弱，但克罗斯非常坚持自己，他认为点球就应该交由最有信心的人去主罚。这件事在赛后引发的轩然大波并不难想象，德国媒体和球迷被强行划分为两个阵营，声援声和批评声都不绝于耳。

一年后，当拜仁慕尼黑终于得偿所愿捧起欧冠奖杯时，克罗斯刚好由于肌肉撕裂错过了半决赛和决赛，也因此错过了与拜仁球迷修补关系的最好机会。

真正让克罗斯大放异彩的地方是巴西。在 2014 年世界杯上，勒夫对克罗斯委以重任，7 场比赛场场首发。首战葡萄牙，克罗斯就策动了两粒进球。举世瞩目的半决赛大战，克罗斯在 69 秒内连下两城，又亲手策划了另外两粒进球。在这场震惊世人的 7 比 1 比赛里，克罗斯当选全场最佳，他在全世界面前展现了自己的真正实力。即使再低调，此时的克罗斯也无法继续隐藏在人群背后了。

当世界杯决赛的终场哨在马拉卡纳吹响，克罗斯第一时间跪倒在草皮上，双拳捶地，也许只有这一刻，他不像个"冰人"，就算对外在事物再冷淡再平静，也没有人能抵御大力神杯对内心的强大冲击。

大力神杯还带给了他一份梦想中的合约，他为自己的骄傲找到了落脚点。克罗斯与拜仁的续约谈判在世界杯开赛前就已经彻底破裂。从巴西归来，皇家马德里仅花费 3000 万欧元就得到了一位年仅 24 岁的世界杯冠军球员，用齐达内的话说，如果他是俱乐部主席，无论如何都不会放走这样一个球员。

在对待克罗斯的价值问题上，齐达内和勒夫的看法高度一致。勒夫重用克罗斯的原因在于他时刻都在观察自己的队友，再根据他们的位置送出传球。齐达内则认为克罗斯的足球理念与自己最为一致，赢球固然重要，但他们更喜欢思考球是如何踢好的。球场上的克罗斯时刻都在观察，时刻都在思考。

在冰冷外表的影响下，西班牙球迷一开始并没有对克罗斯表现出过度的喜爱，但是，那些同样冰冷的比赛数据带给球迷的震撼却是强烈的。加盟皇马的首个赛季，克罗斯一共只缺席了 4 场比赛，他与 C 罗和瓦拉内是仅有的

▲ 夺得世界杯之后，在马拉卡纳球场的炫目灯光下，就连"冰人"克罗斯也难掩内心的激动。

◀ 2014年世界杯，在那场震惊世人的半决赛中，克罗斯在69秒内连下两城，德国队不可思议地7比1大胜东道主巴西队。

▼ 2018年世界杯小组赛第二轮，克罗斯在读秒阶段攻入绝妙弧线球，德国队2比1绝杀瑞典队。

3位在欧冠赛场保持全勤的球员。克罗斯在西班牙还得到了一个"皇马发牌机"的绰号，同时他身上有一个"95%定律"，即球场上95%的时间他都在传球，而且传球成功率高达95%。

在克罗斯只为皇马效力两个赛季后，这家欧战历史上最成功的俱乐部就用续约和高达3倍的涨薪表达了对他的真正认可。齐达内的评价再次一语中的："克罗斯让皇马找到了完美阵型中最欠缺的元素。"皇马门将与后卫的链接早已自成体系，"BBC组合"锐利无比，只有中场才是齐达内心中唯一的不完美。

2016/2017赛季，皇马时隔5年终于斩获西甲联赛冠军，克罗斯的出场时间是全队最高的。放眼整个西甲，他的助攻数据只有内马尔、伊斯科和萨拉比亚可以比拟，但这些人的位置都比他更加靠前。

在皇马连续两个赛季在欧冠赛场淘汰拜仁慕尼黑后，克罗斯也终于放开了心结，面对媒体对往事的追问，他的回应已经变成了"我在拜仁度过了愉快的时光"。

毫无疑问，他在西班牙创造了惊人的成就，6年内揽下1个西甲冠军、3个欧冠冠军、3个欧洲超级杯冠军、4个世俱杯冠军等众多冠军头衔，如此殊荣足以让任何人以胜利者的心态去面对过往。他还是托尼·克罗斯，却不再是那个"不会说话"的托尼·克罗斯。

2018年世界杯，克罗斯在与瑞典队的比赛中完成自我救赎，是他的丢球造成了德国队的失球，也是他的进球在比赛最后1分钟为德国队寻回了胜利。这场比赛如同克罗斯的人生写照，他陷于困境，对过也错过，被喜爱过也被曲解过，被盛赞过也被辱骂过，但他最后还是实现了自己的所有梦想。

2019年5月，克罗斯又一次与皇马续约至2023年，这一次他说，他不会踢到38岁，所以已经可以想象自己会在皇马终老了。当西班牙媒体永远把焦点对准齐达内、贝尔、拉莫斯、莫德里奇等人时，克罗斯反而会更加舒服。在他看来，将来如果有人能告诉皇马青训营的孩子们"除了C罗，克罗斯也该是你们学习的榜样"，这就是对他最大的褒奖了。

2018年5月26日,基辅奥林匹克体育场,皇马3比1击败利物浦,克罗斯拿到了自己的第3座欧冠奖杯。

总有一首歌，能让你想起他

>>>

歌名：High on Life
歌手：Martin Garrix & Bonn

中国球迷在给自己喜欢的球星起绰号方面一向独具慧眼，"大圣"之于贝尔，便是如此。

无论是电影版还是真人版的孙悟空，和贝尔的画像放在一起，总给人以"孪生兄弟"之感，不知这是一种怎样奇妙的缘分。此为形似。

在艺术作品里，齐天大圣的筋斗云乃天地间第一飞行之术，一个跟头便可远去十万八千里。在足球世界里，贝尔沿左路走廊疾风劲走，快如闪电。"传给 3 秒后的自己"更是让其独步武林，无人能出其右。

齐天大圣类比贝尔，形似而神更似。

2014 年 4 月 16 日，西班牙国王杯决赛迎来国家德比。终场前 5 分钟，贝尔在左路上演人球分过好戏，他与皮球分离 3 秒钟后，以一个毫不讲理的外线超车逾越巴尔特拉的防守，再次把球控制在自己脚下，这样的逆天操作被球迷们戏称为"传给 3 秒后的自己"。随后贝尔单枪匹马直捣黄龙，打入了一粒经典的长途奔袭进球，一个毫不讲理的贝尔式进球，一个帮助皇马捧得国王杯冠军的制胜进球。

这场比赛过后，有人笑言贝尔改变了数学定律，因为他证明了"两点之间，贝尔最短"。有人调侃贝尔在这一天"违反了法律"，因为他在球场上超速行驶，理应收到一纸罚单。总之这一天，贝尔好似就是腾云驾雾日行万里的齐天大圣。

更重要的是，这不是贝尔第一次这么做，当然也不是他最后一次这么做，这是加雷斯·贝尔的日常操作而已。

贝尔真正在世界足坛声名鹊起，要追溯到 2010 年 10 月 20 日的梅阿查球场，当时的贝尔还在托特纳姆热刺效力，那是属于他一战成名的梦幻夜晚。

面对国际米兰的欧冠小组赛，热刺早早就已 0 比 4 大比分落后。但随

▲ 2013/2014 赛季西班牙国王杯决赛上演国家德比，贝尔外线超车逾越巴尔特拉的防守，将球传给 3 秒后的自己，一路闯入禁区完成绝杀。

▽ 2010 年 10 月 20 日，热刺在欧冠小组赛中客场挑战国际米兰，贝尔的奔袭进球让蓝黑军团队长萨内蒂颜面尽失。

后，贝尔在左路走廊利用自己不讲理的速度优势单骑闯关，威尔士人的奔袭让蓝黑军团队长萨内蒂与当时的世界第一右后卫麦孔颜面扫地。最终，贝尔在那场比赛中上演了帽子戏法，虽然没能帮助球队上演翻盘好戏，但是输掉比赛的贝尔却是那个米兰之夜最闪耀的星辰。赛后，意大利媒体惊呼，幸亏比赛只有 90 分钟，如果再给贝尔一些时间，恐怕比赛将会走向另一个结局。

次回合回到白鹿巷，贝尔再次风驰电掣，他人球分过，将球传给了 3 秒后的自己，助攻帕夫柳琴科破门得分，这一次充当贝尔巅峰时速背景的是当年的世界第一中卫卢西奥。这就是一飞冲天的大圣贝尔，如果他处于自己的巅峰时速，那么对手的一切防守都会被他冲击得七零八落。

在托特纳姆热刺的 6 年时光，贝尔从一匹边路快马成长为了攻击技能更为全面的英超最佳球员。2013 年夏天，贝尔告别白鹿巷空降伯纳乌。为了得到威尔士球星，财大气粗的皇马向热刺支付了 1 亿欧元，这是当时世界足坛第一转会身价，打破了此前 C 罗转会皇马时创造的纪录。

那个时候，媒体对这个天文数字充满了疑问。毕竟当年 C 罗转会时已是世界足球先生，荣誉满满，而贝尔何德何能可以超越 C 罗，成为这个星球上最昂贵的足球运动员？后来，贝尔证明了，贵就是有贵的道理。

在皇家马德里的信仰里，欧冠冠军是最为渴望的奖杯，而第 10 座欧冠奖杯则是那个渴望中的极度渴望，皇马人为此追寻了 10 年却依旧无果。2014 年，如果说国王杯决赛中的急速超车是贝尔初露锋芒，那么欧冠决赛光明之战的制胜头球则是贝尔回报皇马的最好礼物。

那场著名的马德里德比，拉莫斯成为了那个把皇马从死亡线上拉回的勇士，而贝尔则是那个让皇马起死回生升入天堂的英雄。他的纵身一跃，金头一闪，让皇家马德里在加时赛将比分反超，这是一个扭转乾坤的进球，一个让历史改变的进球。最终，皇家马德里 4 比 1 逆转击败马德里竞技，成就了十全十美的欧冠童话。这是贝尔生命里最难忘的一座奖杯，因为里斯本之夜让他人生中第一次体会到站在欧洲之巅是一种怎样的畅快淋漓。

这样的完美开局，并不是贝尔皇马篇章传奇的高潮。后来，银河战舰

︿ 皇马和马竞这对同城宿敌会师 2013/2014 赛季欧冠决赛，贝尔在加时赛中打进反超比分的进球。

﹀ 2017/2018 赛季欧冠决赛，贝尔替补登场仅 122 秒之后，便用一记惊天神钩攻破利物浦队大门，帮助皇马再度取得领先。

▲ 2018年5月27日，实现欧冠三连冠之后，"BBC组合"手捧奖杯同框合影。

在齐达内的率领下，创造了让世人震惊的欧冠三连冠。在夺取这三座奖杯的道路上，贝尔都立下了汗马功劳，尤其是2017/2018赛季的基辅决战。

诚然，在皇马的贝尔一定不是完美的，他的比目鱼肌似乎成了困扰大圣飞翔的紧箍咒。充电两小时，通话五分钟，频繁的伤病让贝尔在那个赛季已经不是皇马的绝对主力。但是，正如贝尔童年时的偶像吉格斯所言，即使作为替补，贝尔也是那种可以一上场就化腐朽为神奇的球员。

果不其然，与利物浦的欧冠决赛战成1比1时，齐达内选择了贝尔。替补登场仅仅122秒之后，贝尔就以一种最为惊世骇俗的方式让全世界的球迷大开眼界。那一刻，他就如同大圣一般腾云驾雾，舒展身姿，一个完美的倒挂金钩，皮球应声入网。这球一进，齐达内用他的甩手礼向贝尔致敬。2002年的欧冠决赛，齐达内曾在同勒沃库森的比赛中攻入一记精彩绝伦的凌空抽射，贝尔的这记进球足可媲美齐达内的那脚天外飞仙。

而且，贝尔的进球同样发生在欧冠决赛的舞台。一个球员的一生，如果可以用倒挂金钩的方式把自己的球队送上欧冠三连冠的宝座，这样的人如果不是传奇，那么传奇又该如何去定义？那是一场属于贝尔的欧冠决赛，他在随后又再下一城，彻底将比赛的悬念杀死。欧冠三连冠，欧冠五年四冠，贝尔与皇马共同缔造了欧冠历史上的又一个璀璨王朝。

当年的1亿欧元贵吗？不，一点儿也不。这个设问，或许是对贝尔真实价值最为简洁的诠释。

人们可以去调侃他是一个踢着业余足球的职业高尔夫球手，可以去调侃他的西班牙语依旧停留在"小学生水平"，可以去拿他那总也不好的比目鱼肌开玩笑，甚至可以拿"威尔士＞高尔夫＞皇马"来定义贝尔，但永远不要忘记，贝尔是一个不可思议的球员，他曾经用他不可思议的足球带我们领略这个足球世界的不可思议。重回热刺，他也期待能再现这种不可思议。

这个足球世界，只有一个齐天大圣，难道不是吗？

> 2016年欧洲杯小组赛，威尔士2比1力克斯洛伐克，贝尔为球队首开纪录。在一些皇马球迷看来，皇马在贝尔心目中的地位不及威尔士队和高尔夫。

贝尔 逆天"大圣" Gareth Bale

总有一首歌，能让你想起他

>>>

歌名：Hey Brother
歌手：Avicii

  2014 年世界杯决赛前，罗伊斯谢绝了赴巴西现场观赛的邀请，他也没有第一时间看到好友格策在颁奖仪式上高举着他的 21 号球衣。在基督像的注视下，在马拉卡纳明亮的夜空里，这件球衣分外显眼，却也分外孤独。

  这种孤独外人并不难理解。出征巴西前的最后一场热身赛，罗伊斯在一次并不激烈的拼抢后突然倒地。就是这个时刻断送了罗伊斯的巴西世界杯，也断送了他触及职业生涯最高荣誉的唯一机会。

  这已经不是他第一次被突如其来的伤病所累。2010 年世界杯，勒夫就曾计划将年轻的罗伊斯带去南非，但在与马耳他队的热身赛前，罗伊斯意外受伤，不仅错过了自己的国家队首秀，也彻底失去了参加世界杯的机会。

  他的身体一直牵绊着他的步伐，他的技术却想带着他一路飞奔。这就是罗伊斯职业生涯的写照。

  因为身体瘦弱，出身于多特蒙德青训营的罗伊斯被大黄蜂弃用，这才加盟了门兴格拉德巴赫。他迅速弥补了马林出走不来梅后门兴球迷的心理落差，更令人感动的是，在门兴陷入保级泥潭之时，罗伊斯用续约坚定了队友和球迷的信心，这就是他被小马驹球迷永远感念的原因。在与波鸿队的升降级生死战中，罗伊斯带伤出战打入最关键的一粒进球，帮助门兴保级成功，然而，他自己却因为肌肉拉伤又一次错过了国家队的征召。

  这就是罗伊斯坚守的准则，他不会在危难之时离开门兴，后来，他也不会在危难之时离开多特蒙德。

  当年，大黄蜂草率地放走了他，日后就只能花费巨资再将他重新签下。当罗伊斯在 2012 年重返多特蒙德时，他已经加冕德国足球先生，23 岁就成为德国最佳，这是对他把保级球队门兴格拉德巴赫带入德甲四强的最大褒奖。

  但不可否认，在俱乐部的出色挥发无法弥补罗伊斯在国家队的缺失。勒夫等了他两年，终于等来了一个健康的罗伊斯。2012 年欧洲杯上，罗伊斯在

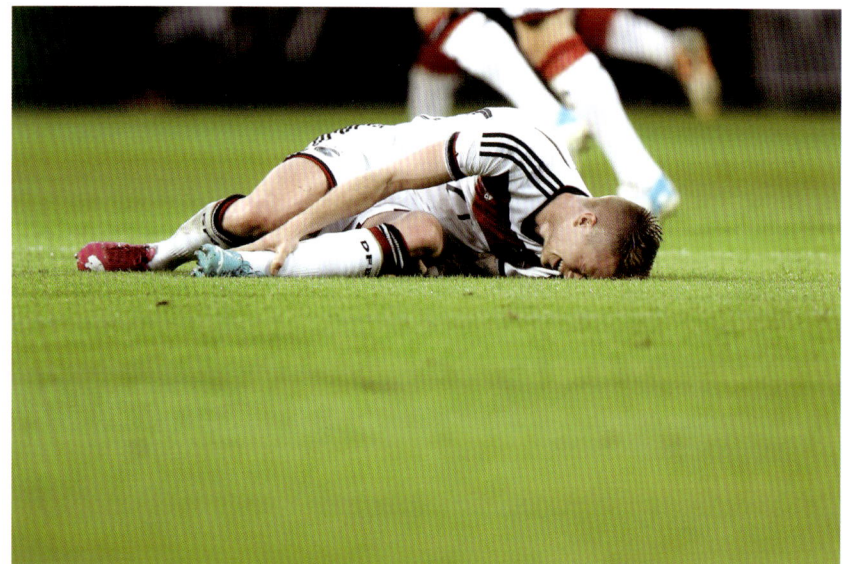

∧ 2014年6月6日，在德国同亚美尼亚的世界杯热身赛中，罗伊斯意外重伤，因而错过了参加世界杯的机会，也错过了夺得大力神杯的机会。整个职业生涯，伤病始终是罗伊斯最大的敌人。

∨ 2011年5月25日，门兴格拉德巴赫做客波鸿进行德甲升降级附加赛第二回合的比赛，罗伊斯攻入关键进球帮助门兴1比1战平对手，从而惊险保级。赛后，罗伊斯同队友汉克和德卡马戈一起向远征的门兴球迷致谢。

德国队与希腊队的 1/4 决赛中首发出场。很难想象，两年来，这只是他参加的第 7 场国家队赛事、第 1 场国际大赛。他用一脚凌空抽射打开了自己的大赛进球账户，但是，这个美好的开始在此后许久都没有被续写新章。

在克洛普麾下效力的罗伊斯度过了职业生涯最无忧无虑的两年。他首登欧冠赛场，就在与曼城和皇马的比赛中分别进球，于死亡之组中为大黄蜂确立了小组第一的位置。与马拉加的生死大战，威斯特法伦奇迹的最大功臣还是罗伊斯。他的脚后跟妙传助攻莱万打进了第一球，伤停补时第 1 分钟，他适时抢点将比分扳平，而在补时的第 3 分钟，让现场解说员疯狂喊出"桑塔纳，绝杀"的进球，还是来自于罗伊斯的助攻。虽然多特蒙德在最终的决赛中不敌拜仁慕尼黑，但青春风暴留下的气息却浓烈得让人心旌摇荡。

多特蒙德成为了拜仁六冠王愿景中唯一的阻击者，德甲霸主在战无不胜的赛季里唯一丢掉的冠军就是德国超级杯。克洛普不惧怕任何球队，尤其是不惧怕拜仁慕尼黑，在多次击败德甲老大的赛季里，罗伊斯是德甲联赛评选出的最佳球员。

如果没有伤病，任何猜想都无法为罗伊斯的未来做出限定，因为在最好的年华里，无数豪门都曾向他伸出过倾慕的橄榄枝，他最后还是选择了多特蒙德。2014/2015 赛季德甲前半程，大黄蜂的形势岌岌可危，已经到了降级的边缘，罗伊斯又一次于危难中完成续约。

这就是罗伊斯可以走进球迷心里的真正原因，不是因为他英俊的面孔，也不是因为他高效的进球，而是因为在短短几年时间内，格策走了，莱万走了，克洛普走了，再后来京多安走了，胡梅尔斯走了，只有罗伊斯从始至终守护着威斯特法伦。一人一城的童话在现代足球世界已极为罕见，但罗伊斯固守着自己的执拗，像一个理想主义者骄傲又孤独。

他在当时的续约为大黄蜂带来了最积极的效果，多特蒙德在下半赛季脱胎换骨奋起直追，最终以第 7 名的成绩结束了整个赛季。

只是，罗伊斯可以待足球如童话，足球却不能给他同等的回报。2014 年成为了一个重要的时间节点，让罗伊斯的名字从此与伤病相连。巴西世界杯后，罗伊斯因韧带拉伤再次休战，两个月后，严重的脚踝伤势接踵而

罗伊斯和格策被称作多特蒙德的双子星,两人场上场下关系都很紧密。2018年12月21日,多特蒙德主场2比1击败门兴格拉德巴赫,罗伊斯打进制胜球后同格策并肩庆祝。

来,一而再,再而三。

2016年5月31日,罗伊斯27岁生日当天,勒夫公布了德国队出征欧洲杯的23人名单,罗伊斯再次落选,因为内收肌发炎,医疗团队无法确定他的康复时间。他的青春正一点点流逝,伤病却在肆无忌惮地靠近。如果给他一个健康的身体,他就是上升速度最快的"小火箭",如果命运继续呈现残忍和不公,他也只好接受两年前的轮回,继续等待。

所以,当德国队2018年世界杯阵容出炉时,球迷比罗伊斯还要百感交集。这位天才少年足足等了8年,等到29岁,才有机会第一次踏上世界杯赛场,去改写他那孤独的只有1粒大赛进球的数字。

是罗伊斯门前抢点打入了德国队在俄罗斯世界杯上的第一球,是罗伊斯轻轻一拨,克罗斯读秒绝杀,助德国队艰难战胜了瑞典队。但是,这就是德国战车在俄罗斯的全部进球,他努力弥补的遗憾和他无论如何也无法

▲ 2018年世界杯小组赛第二轮，德国队2比1惊险逆转瑞典。在0比1落后的情况下，罗伊斯攻入了扳平比分的进球。

弥补的遗憾都留在了俄罗斯。

　　罗伊斯在2018/2019赛季带上了多特蒙德的队长袖标，主教练法夫尔将他的位置后撤，让他承载起更多的组织重任，整个赛季，他共参与了多特蒙德28粒联赛进球。

　　进入30岁后，他反而不再惧怕受伤，尽管伤病仍时不时侵扰他，但他已经学会了谨慎地保护自己，甚至会与反复发作的脚伤和谐共处。在德国超级杯的比赛中，他带领多特蒙德又一次战胜拜仁慕尼黑，拿到了职业生涯的第4个冠军头衔，也第2次获得了德国足球先生的殊荣。与他的国家队队友们相比，以他的才华而言，4个冠军也许真的太少了，但在球迷心中，对罗伊斯的爱又岂是以冠军数量来衡量的。他是这座城市的骄傲，威斯特法伦的守护者，足球世界里的童话作家。只凭他在最危难的时候与他们相伴，他们就会永远为他守候。

九五至尊

莱万多夫斯基

罗伯特·莱万多夫斯基
Robert Lewandowski

国籍：波兰
出生地：华沙，波兰
出生日期：1988年8月21日
位置：前锋
俱乐部：普鲁什库夫，波兹南莱赫，多特蒙德，拜仁慕尼黑
俱乐部进球数：441球/661场
国家队进球数：61球/113场

总有一首歌，能让你想起他

>>>

歌名：All I Need
歌手：Switchfoot

提到莱万多夫斯基，不提9分钟5球是不行的。那是2015/2016赛季德甲第6轮，拜仁慕尼黑主场迎战沃尔夫斯堡，下半场才替补出场的莱万在9分钟里打进了5个球，把狼堡的后防线当作了自家的后花园。

那一天，莱万一举创造了4项世界纪录：德甲最快帽子戏法（3分22秒）、德甲最快大四喜（5分42秒）、德甲最快单场5球（8分59秒）、德甲替补出场球员单场进球最多（5球）。睹此神迹，拜仁主帅瓜迪奥拉也惊呆了，他双手合十、抱头，难以置信的表情里带着吃惊、诡异的笑容，这在后来成了爆红网络的表情包。中国球迷则给莱万取了个霸气的绰号"九五至尊"，这是足球世界最形象的典故，也是最难以打破的纪录。有幸的是，当这个旷古绝伦的超级世界纪录诞生的时候，我们都是见证者。

9分钟内能进5球，这样的射手一定有着不凡的运动神经和身体素质。要知道，在那场比赛的6天前，莱万刚刚在同奥林匹亚科斯的欧冠比赛中遭遇脚踝骨挫伤，这种伤通常需要休息两周时间，不过，出现在对阵沃尔夫斯堡比赛中的莱万完全不像有伤在身，这和他超人的身体恢复和控制能力有密切关系。

波兰国家运动科学研究所专门负责波兰各国家队球员的身体机能监控，同时，这里的实验室也记录了很多球员的身体恢复曲线。对普通球员来说，一场高强度的足球比赛后，通常需要48至72个小时或者更长时间才能让身体完全恢复到疲劳之前的水平，而能将恢复时间压缩到24小时以内的，近20年记录在案的职业球员只有3人，一位是前切尔西中场兰帕德，一位是C罗，另一位就是莱万多夫斯基。超强的身体恢复能力保证了他们可以在短时间内连续保持出色的竞技状态，同时很少受伤，另外，他们都是足球世界的标准型男。

莱万如今的身高是1.85米，体重80公斤，穿衣显瘦，脱衣有肉。

△ 2015年9月22日，慕尼黑安联球场，莱万多夫斯基上演了"九五至尊"的足坛神迹。在5个进球当中，第5球的凌空侧钩最为精彩。

▽ 9分钟5球，这是足球世界最难以打破的纪录之一。有幸的是，当这个旷古绝伦的超级世界纪录诞生的时候，我们都是见证者。

但在青年时期，他却是有名的"瘦竹竿"。多特蒙德球探普瓦泰克的手机里有一张照片，那是 2007 年在波兰普鲁什库夫队效力时的莱万，肩膀单薄，两条腿就像两根筷子，怎么看都不像是个运动员。这也是 2006 年波兰豪门华沙莱吉亚拒绝莱万的原因，当时，莱吉亚的队医在交给俱乐部的球员试训报告中写道："这个年轻的前锋没有留下来的必要，他发育得很快，但双腿瘦弱，力量跟不上，这让他容易受伤且不易恢复，这种体质让他难成大器。"他们哪里想得到，这个看上去弱不禁风的少年会在日后蜕变为世界足坛的顶级中锋。

蜕变是从莱万加入普鲁什库夫队开始的，彼时，普鲁什库夫队还在波兰丙级、乙级联赛间徘徊，莱万作为球队的头号前锋，连续两年拿到了波兰丙级和乙级联赛的金靴。他对于自己的技术很自信，但要想成为世界级球员，他必须得提升自己的身体力量，为此莱万付出再大的代价也在所不惜。

2008 年，当莱万以 150 万欧元加盟波兹南莱赫队时，他的对抗能力已经有了明显的改观。莱赫队的训练专家卡斯普扎克回忆说："那时莱万对自己的要求很高，他很注重深层肌肉的训练，这是很难练的，需要强大的毅力和自律，但他做到了。"从那时开始，到后来的多特蒙德、拜仁慕尼黑，莱万一直坚持着对深层肌肉的训练，这也是为什么他可以在高速奔跑的状态下维持出色的对抗能力，这是超级中锋必备的素质。

在莱赫的那两年，莱万遇到了两位贵人。其中一个是安娜——莱万当时的女朋友，现在的妻子。当然，安娜不喜欢别人称呼她"莱万的妻子"，这位个性独立的姑娘是波兰空手道领域的明星，曾获得过 2009 年空手道世界杯铜牌。她有一点和莱万一样，那就是极其自律。在妻子的监督下，莱万在饮食上只吃一些无麸质的食物，也就是低碳水化合物的食物，比如马铃薯、蔬果、肉类（水煮）、坚果等等。要知道，莱万上一次吃汉堡还是在 2011 年多特蒙德拿到联赛冠军之后，他和安娜在快餐店放纵了一次，不过为此内疚了好几天。在他家的厨房里，你找不到任何一瓶调味酱，如此一天三餐，普通人简直味如嚼蜡，但莱万和妻子却乐在其中，而且一坚持就是十年。有如此的贤内助，莱万的竞技状态想不好都难。

⋀ 2012年5月12日,在多特蒙德同拜仁慕尼黑的德国杯决赛中,莱万上演帽子戏法,帮助球队5比2大胜拜仁夺得冠军。

⋁ 2012/2013赛季欧冠半决赛首回合,面对穆里尼奥挂帅、C罗领军的皇家马德里,莱万用一个大四喜摧毁了银河战舰。

▲ 2012年欧洲杯揭幕战，莱万攻入本届杯赛首粒进球，不过东道主波兰最终1比1被希腊队逼平。在俱乐部大杀四方，在国家队表现平平，这样的反差让莱万一度受到质疑。

莱万的另一个贵人是时任波兰国家队主帅本哈克。2008年，本哈克将不到20岁的莱万招入了国家队，因为他从莱万身上看到了成就一名优秀中锋的一切素质，比如长传球接球抢点能力、后卫紧逼下的护球能力、抬头观察并且瞬间判断能力、左右脚技术均衡等。在本哈克发掘的球星中，上一个拥有这些特点的年轻人是马尔默时期的伊布拉希莫维奇。当多特蒙德主帅克洛普在2010年特地前往波兰考察莱万时，本哈克告诉"渣叔"："把莱万带走吧，他能够满足你的一切要求。"

莱万加盟多特蒙德的时候，克洛普最信赖的前锋还是巴拉圭射手巴里奥斯，不过，沉默少言的莱万斗胆和克洛普打了个赌，赌自己一个赛季能进10个球。虽然在大黄蜂的第一个赛季莱万只有9球入账，但第二个赛季，他就加倍还给了克洛普。他以22粒进球挤掉了巴里奥斯成为球队主力前锋，帮助多特蒙德卫冕德甲冠军，并且在对阵拜仁的德国杯决赛中上演帽子戏法，正是那场比赛让拜仁对莱万产生了极大兴趣。

2012/2013 赛季欧冠半决赛对阵皇家马德里，莱万在威斯特法伦球场上演大四喜，赛后，他接到了皇马主帅穆里尼奥的求贤电话，"狂人"恨不得立刻就得到这个波兰神锋。那时的莱万已经打通了自己的任督二脉，成为了德甲最出色的中锋，但他还是不满足于此。有个小细节很有意思，那场半决赛赛后，莱万在采访中表示自己其实还能打进第 5 个球。这句"狂言"在两年后以一种不可思议的方式成为了现实。

2016 年，莱万出版了第一本自传《永不满足》，这 4 个字是他唯一的人生信条，他一直渴望新的挑战，完成一个，再寻找下一个。比如，每个赛季的进球数都要比上一个赛季多，这是他在加盟拜仁之后给自己定下的基本要求。

拥有了莱万之后，拜仁慕尼黑再没有对其他中锋球员动过心思，因为莱万一直都保持着出色的竞技状态。而作为过去 10 年最出色的中锋球员，莱万也几乎要将剩余的职业生涯交付给慕尼黑这座城市。

2019/2020 赛季对莱万来说是一个超级梦幻的赛季，那个让他魂牵梦绕的欧冠圣杯终于在里斯本的夜晚被他拥入怀抱。尽管由于金球奖评选取消，他与象征个人最高荣誉的奖项擦肩而过，但是，32 岁的莱万多夫斯基已经不需要向别人证明什么了，他依然相信，自己最好的表现还在未来等着他。可以想象，当烟花散尽，莱万未来的生活也会像他过去的生活一样简单：设定目标，然后付诸行动。

< 2019/2020 赛季欧冠决赛，拜仁慕尼黑 1 比 0 力克巴黎圣日耳曼夺冠，让莱万魂牵梦绕的欧冠圣杯终于在里斯本的夜晚被他拥入怀抱。

阿圭罗
KUN鹏展翅

塞尔吉奥·阿圭罗
Sergio Aguero

国籍：阿根廷
出生地：布宜诺斯艾利斯，阿根廷
出生日期：1988年6月2日
位置：前锋
俱乐部：独立，马德里竞技，曼城
俱乐部进球数：378球/660场
国家队进球数：41球/97场

总有一首歌，能让你想起他

>>>

歌名：Superheroes
歌手：The Script

谁是英超历史上进球最多的外籍球员？多数人脑海里第一时间闪现的答案或许是枪王之王亨利，但答案并非如此。2020年1月12日之后，这道题的标准答案从亨利变成了阿圭罗。

在曼城6比1横扫阿斯顿维拉的比赛中，阿圭罗大演帽子戏法，从而以12次帽子戏法超越英超历史总射手王阿兰·希勒，成为英超史上戴帽次数最多的球员。更重要的是，这场比赛后，阿圭罗的英超进球数增为177个，阿圭罗超越亨利，加冕英超第一外籍射手。一战超越两大传奇，这就是新的传奇。

塞尔吉奥·阿圭罗还有一个为人熟知的名字"KUN"，这个来源于日本动画的绰号，一直都印在阿圭罗的战袍之上。

"KUN鹏展翅"的起点便充满了传奇色彩。2003年7月5日，年仅15岁零35天的阿圭罗代表独立队上演了职业生涯首秀，打破了球王马拉多纳1976年创下的阿根廷甲级联赛最年轻球员出场纪录，少年英雄的名字开始在阿根廷无人不知。2005年，17岁的阿圭罗更是在与世纪死敌竞技队的德比中，打入了一粒马拉多纳式的长途奔袭进球。那时，阿根廷传奇老帅梅诺蒂就曾大胆预言，这个17岁的男孩未来一定会是阿根廷最好的9号。

如果阿圭罗将是阿根廷最好的9号，那么他的舞台一定不仅限于潘帕斯草原。2006年，阿圭罗以2000万欧元的身价加盟床单军团。在马竞的5个赛季是阿圭罗从初出茅庐到大红大紫的青葱岁月。当马德里竞技还沉浸在失去王子托雷斯的苦涩时，阿圭罗的到来迅即让这种失去感烟消云散。在床单军团，阿圭罗开始展现自己高效的杀手本色，他的射门精度、灵巧跑位，让马竞球迷很快与他坠入爱河。5个赛季，101粒进球，欧联杯冠军，欧洲超级杯冠军，这是阿圭罗在西班牙交出的成绩单。告别马竞

△ 2009/2010 赛季的欧冠联赛，马竞位列小组第三未能晋级淘汰赛，只能降组去参加欧联杯。不过失之东隅，收之桑榆，马竞最终在欧联杯中夺冠。全队前往马德里海神广场欢庆，阿圭罗和队友劳尔·加西亚及雷耶斯共同庆祝胜利。

的那个夏天，尽管阿圭罗的离开方式也曾遭遇非议，但就像阿圭罗自己所言，他已为马德里竞技奉献了自己的一切。

2011 年夏天，英超新贵曼城以创俱乐部转会纪录的 3500 万英镑将阿 KUN 带到了伊蒂哈德球场，就此开启了一段彼此成就的黄金岁月。阿圭罗与蓝月亮几乎是无缝衔接，23 个联赛进球是一份沉甸甸的见面礼。

那一季英超最后一轮，曼城与同城死敌曼联同分，如果曼城主场顺利拿下女王公园巡游者队，就将时隔 44 年再次登顶英格兰顶级联赛。但故事的进程并没有向着曼城球迷期待的轨迹发展，直到第 90 分钟他们依然 1 比 2 落后，大有崩盘之势。而在桑德兰的光明球场，曼联则胜局已定。

第 91 分钟，哲科的头球破门让沉寂的曼城人看到了起死回生的希望，此时，曼城需要英雄挺身而出。在哲科打入这粒扳平的进球后，是阿圭罗

∧ 2011/2012 赛季英超最后一轮，阿圭罗第 93 分 20 秒攻入制胜进球，曼城 3 比 2 绝杀女王公园巡游者夺冠。

> 曼城自 1968 年之后再次捧起了顶级联赛的桂冠，蓝月亮有了新一代的英雄。

∨ 进球后的阿圭罗脱去球衣，将它甩在空中狂奔庆祝，整个伊蒂哈德球场也陷入疯狂。

第一时间从球门里抱起皮球，奔向中线。"如果给我一个机会，只给我一个机会，我一定会把握住。"这是那段路途上，阿圭罗对自己的内心独白。

这个阿圭罗向上苍祈求的机会，在第 93 分 20 秒到来。

在这一时刻来临之前，阿圭罗与巴洛特利完成了一个精彩的二过一配合。在身体已经失去平衡的情况下，巴洛特利背身送出妙传，皮球恰到好处，分毫不差地回到了阿圭罗脚下。阿圭罗在那一刻冷静如水，他顺势过掉最后一名防守球员，在角度极其有限的情况下怒射近角破门。当皮球与球网摩擦的一瞬，整个伊蒂哈德球场犹如火山喷发，在比赛的读秒阶段，他们从死敌手中抢回了联赛冠军。"不可思议""难以置信"这些平日里听上去足够宏大璀璨的词汇，似乎都不足以贴切地描述这一刻所发生的一切。

那个灿烂的午后，狂奔的阿圭罗脱去球衣，将它甩在空中。曼城自 1968 年之后再次捧起了顶级联赛的桂冠，蓝月亮有了新一代的英雄。其间，他们更换了 21 任教练，经历了 4 次降级，4 次升级，此刻，阿圭罗用伊蒂哈德球场的最后一击，让历史改写！

毫无疑问，这个时刻，这个进球，是阿圭罗职业生涯里最幸福的时刻。93 分 20 秒也超脱了数字本身，成为独属于蓝月军团的精神图腾。无论多少年之后，无论足球历史如何演变，阿圭罗的这个进球都是那种你每次看到都会满身泛起鸡皮疙瘩的进球，一个永远镌刻在足球历史殿堂里的经典进球。

对于阿圭罗而言，如果说曼城的蓝色代表着胜利，那么阿根廷的蓝色则代表着忧郁。2005 年，17 岁的阿圭罗与 18 岁的梅西第一次联袂参加大赛，青春无敌的青涩少年一起为阿根廷捧回了世青赛的冠军奖杯。2008 年的北京，他们又联手为阿根廷拿到了奥运会男足金牌。半决赛面对罗纳尔迪尼奥领衔的宿敌巴西，阿圭罗 5 分钟内连入两球击溃了桑巴军团。

但 6 年之后的世界杯舞台，在巴西著名的马拉卡纳球场，这对多年的好友却距离大力神杯一步之遥。同德国队的决赛前，阿圭罗曾有过这样一番表达："我希望为梅西赢得冠军，胜过为我自己。"但很遗憾，天不遂人愿，

△ 2008年北京奥运会男足决赛，阿根廷队在鸟巢击败尼日利亚蝉联冠军，20岁的阿圭罗同21岁的梅西手举金镶玉奖牌，开怀大笑。

阿圭罗没能为梅西、也没能为自己捧回那座生命里最渴望的冠军奖杯。

在梅西的家中，有一幅他与阿圭罗为胜利而拥抱的巨幅海报，那张照片的背后就是二人情比金坚的友谊。只是不知未来，梅西能否把这个两人相拥庆祝的画面，平移到世界杯决赛的情境之中。对于梅西和阿圭罗而言，距离世青赛夺冠已过去15年，当年的青葱少年如今已过而立，时间在蚕食着他们的世界杯之梦，但只要还有一线希望，便不是绝望。

其实，同梅西一样，阿圭罗的成就已经无需要用世界杯冠军来证明，阿圭罗的名字，早已是传奇本身。如今，他是英超史上最快上演五子登科的球员，曼城队史第一射手，英超第一外籍射手，更是4座英超奖杯的获得者。用阿圭罗自己的话说，他是一个天生的胜利者，一个球场上的巨人。

过往的英超黄金十年，留下了太多伟大的名字，但就像英超传奇阿兰·希勒所说的那样："阿圭罗，就是过往十年英超的最佳球员。"KUN 鹏依旧在展翅高飞，遨游在曼妙的足球宇宙，潇洒而执着，坚定而享受。

天使之翼

迪马利亚

安赫尔·迪马利亚
Angel Di Maria

国籍：阿根廷
出生地：罗萨里奥，阿根廷
出生日期：1988年2月14日
位置：中场
俱乐部：罗萨里奥中央，本菲卡，皇家马德里，曼联，巴黎圣日耳曼
俱乐部进球数：145球/614场
国家队进球数：20球/102场

总有一首歌，能让你想起他

>>>

歌名：It's Your Love
歌手：Tim McGraw & Faith Hill

　　也许因为他的名字就叫"天使（Angel）"，也许因为他的生日正好是情人节这一天，感性是迪马利亚不经意间就会流露的气质。成名后的迪马利亚数次讲述过自己幼年时的经历，每每热泪盈眶，也每每令人动容。

　　由于家境贫寒，他幼年时就帮助父母在煤厂工作，既买不起球鞋也买不起足球，但他依然表现出了极高的足球天赋。他4岁来到罗萨里奥中央队时，俱乐部给了他35只足球作为签约费——这就是迪马利亚故事的开篇。

　　大多数人因为喜欢而踢球，有的人因为贫穷而踢球，而迪马利亚因为贫穷无数次想放弃足球。但是，每当他想放弃的时候，就会有一个机会出现在他面前，他抓住机会也就找到了坚持的理由。

　　迪马利亚的第一个机会出现在2007年U20世青赛上，他打入3球，帮助阿根廷青年队夺冠，这让他得到了本菲卡的正式合约。他的第二个机会出现在北京，2008年奥运会，同荷兰队的1/4决赛进入加时赛，迪马利亚接梅西的助攻完成绝杀，阿根廷2比1取胜惊险晋级。天使之翼在最后的决赛中完全展开，又是接到梅西的传球，迪马利亚飞奔整个半场，在禁区前轻巧地吊射破门。从此时起，这个行踪飘忽、灵动敏捷的"天使"再也不会被埋没，他也就此得到了阿根廷国家队的青睐。

　　南非世界杯，在马拉多纳的麾下，迪马利亚与自己的世界杯首球差了一个门柱的距离。世界杯后，他成了穆里尼奥入主伯纳乌后的第一签，皇马为此向本菲卡支付了2500万欧元的转会费。迪马利亚善于挑战大场面的能力不是从伯纳乌开始养成的，却是在伯纳乌被发扬光大的。

　　2010/2011赛季的国王杯决赛上演国家德比，双方鏖战至第103分钟，正是迪马利亚与马塞洛完成二过二配合，"天使"穿针引线助C罗头槌制胜。这是3个赛季以来银河战舰在国家德比中首胜巴萨，为了这个冠军，迪马利亚对梅西严防死守，不惜付出两黄变一红的代价。

∧ 2007 年 U20 世青赛半决赛，迪马利亚为阿根廷队首开纪录，帮助球队 3 比 0 完胜智利闯入决赛，并最终夺冠。

∨ 2008 年北京奥运会男足决赛，迪马利亚打进全场唯一进球，阿根廷队 1 比 0 击败尼日利亚队夺得金牌。

效力皇马期间，迪马利亚屡屡扮演这样的大场面先生。2012年西班牙超级杯，他成功攻陷诺坎普，正是凭借客场进球多的优势，皇家马德里最终问鼎。2013/2014赛季西班牙国王杯决赛，球迷们印象最深的是贝尔将球传给了3秒后的自己，但不要忘了，比赛中为皇马打入首球的人正是迪马利亚。那个赛季的欧冠决赛，人们记住的是进球队员拉莫斯、贝尔、马塞洛和C罗，事实上，在贝尔反超比分前的几秒，正是迪马利亚如天使般飞驰而至，从左路撕破了马竞的防线，为贝尔创造了破门机会。皇马凭借这场逆转之战夺取了俱乐部历史上的第10座欧冠奖杯，当选本场最佳的人不是任何一个进球功臣，而是越见大场面就越无所不能的迪马利亚。

欧冠捧杯后，迪马利亚又马不停蹄回到南美同国家队会合，在巴西世界杯上，他延续了自己的火热状态。同瑞士队的1/8决赛，迪马利亚接梅西传球后左脚推射远角破门，于比赛的第118分钟绝杀对手。1/4决赛面对比利时，又是迪马利亚的传球碰到维尔通亨的脚尖后变线，伊瓜因顺势扫射破网，潘帕斯雄鹰进军半决赛。但正是在这场比赛中，迪马利亚在一次突破时拉伤了大腿肌肉，比赛只进行了33分钟就被迫提前离场。

阿根廷球迷事后做过一个假设，假如迪马利亚出现在了2014年世界杯的决赛场上，他们会改变历史吗？德国队长拉姆在回忆这场决赛时说，他曾在赛前祈祷，希望某一名阿根廷球员不要出场，后来这个人真的没有出场。

迪马利亚在个人状态最好的一年里没有登上世界杯半决赛和决赛的舞台，但他却是马拉卡纳那个夜晚哭得最伤心的人。没有人可以从假设的问题中寻找到答案，但迪马利亚是那个最想知道答案的人。

如果阿根廷再多几个迪马利亚，他们或许就不会那么多次与冠军失之交臂。2015年美洲杯，迪马利亚在决赛中受伤，出场仅29分钟就不得不离场，阿根廷在点球大战中错失冠军。2016年百年美洲杯，迪马利亚因伤缺阵数场，当他终于赶在决赛前复出，却没有第一时间找回状态，阿根廷再次无缘冠军。

因为对胜利太渴求，迪马利亚才会在胜利时比他人更喜，在失败时比他人更悲。求胜欲可以让他战斗力十足，化身战斗天使，也可以让他轻易

∧ 2014年世界杯1/8决赛,阿根廷同瑞士鏖战至加时赛,迪马利亚在第118分钟打进绝杀球。

∨ 2013/2014赛季欧冠决赛,皇家马德里时隔12年再次登顶欧洲。贝尔加时赛攻入的反超进球,正是来自迪马利亚突破后的助攻。

迪马利亚　天使之翼　　　　　　　　　　　Angel Di Maria

△ 对迪马利亚来说，红魔 7 号球衣或许太过沉重了，他的曼联生涯并不成功。

就陷入争端，变身"魔鬼"。

　　为皇马效力的 2011/2012 赛季，正是迪马利亚假摔后又将对手铲倒，才引发了皇马与莱万特球员的集体冲突，为迪马利亚出头的赫迪拉被红牌罚下，就此埋下了双方的积怨。2013/2014 赛季对阵拉科鲁尼亚，因为不满裁判的判罚，他喋喋不休的发泄马上又招致了第二张黄牌。后来加盟曼联，在足总杯的赛场上，他的情绪再度失控，一度愤怒地抓住裁判的球衣表达不满。

　　这些都是迪马利亚并不"天使"的一面，但这并不是弗洛伦蒂诺坚持出售他的原因。在他的贡献面前，皇马队友和球迷早已包容了他的缺点，而弗洛伦蒂诺的目光不会只停留在赛场上。

　　也许是曼联的 7 号球衣太沉重了，也许是乔治·贝斯特、布莱恩·罗布森、坎通纳、贝克汉姆、C 罗的光影太耀眼，也许是挣扎在不同位置上的状态太游离，迪马利亚在曼联只经历了短暂的快乐时光，一年后就匆匆赶往巴黎。

没想到巴黎圣日耳曼成为了迪马利亚效力时间最长的俱乐部。即使在常人眼中，"四亿妄为"的内马尔和姆巴佩才是这里的焦点，法甲也缺乏有足够竞争力的球队，但迪马利亚仍能自始至终保持着高昂的战斗力。

他深知大巴黎志在欧冠。2016/2017 赛季，他在与巴萨的欧冠 1/8 决赛首回合中梅开二度，其中一脚任意球破门分外精彩，但这两粒进球只能成为次回合巴萨史诗级逆转的背景板。2019/2020 赛季，迪马利亚在与皇马的欧冠小组赛中再次打入两球。随后的 1/8 决赛次回合，他先是为内马尔送上助攻，又策动了贝尔纳特的进球，大巴黎得以成功翻盘多特蒙德晋级八强。尽管大巴黎最终闯入了欧冠决赛，但 0 比 1 不敌拜仁让他们倒在了距离冠军最近的地方。

于足球场上的"天使"而言，他创造过太多被载入史册的瞬间，也许连他自己也没有意识到，并不是只有胜利才值得铭记。在俄罗斯世界杯上，那一脚积蓄着渴望和力量的世界波即使不能让潘帕斯雄鹰战胜高卢雄鸡，但它仍是世界杯历史上最精彩的进球之一，无法被埋没。

除了冠军，他还为足球世界带来过那么多温馨的瞬间。那个时而坏脾气的人是他，那个喜欢在进球后做出心形手势的人也是他。迪马利亚很庆幸自己最终没有放弃踢球，后来，他用薪水为父母和姐姐购置了房产，请求他们不要再做辛苦的工作。在这个过程里，即使他留下过很多无法弥补的遗憾，但依然拥有一个美好的结局。

> 2018 年 1 月 17 日，迪马利亚在 8 比 0 大胜第戎队的法甲中攻入两球。在巴黎圣日耳曼，尽管有内马尔、姆巴佩等焦点球星，但迪马利亚依然是旗帜性人物。

迪马利亚　天使之翼　　　　　　　　　　　Angel Di Maria ｜ 119

总有一首歌，能让你想起他
>>>

歌名：Magic in the Air
歌手：Magic System & Chawki

在法国足坛，曾有这样一个令人瞩目的团体——"四小天鹅"。他们由四名天才攻击手纳斯里、本泽马、梅内和本·阿尔法组合而成，因2004年U17欧青赛上表现优异而崭露头角，再加上他们同出生于1987年，"四小天鹅"的名号不胫而走。

那届决赛，四小天鹅压阵的法国青年队以2比1击败了拥有法布雷加斯、皮克等希望之星的西班牙队，在87一代的足球领域中称霸江湖。他们一同被寄予厚望，"新亨利""齐达内接班人"，诸如此类的称谓接踵而至，"四小天鹅"的光环似乎预示着法国足球美丽的前程。

然而，十几年过去了，事与愿违，长大的"四小天鹅"早已是命运迥异：性格古怪、多伤多难的本·阿尔法在俱乐部和国家队处处碰壁，渐渐沦为平庸；人称"神童"的梅内辗转四方，却从未有一方安土，他再未绽放出年轻时的光芒，如今只能在二级联赛中度日；曾小有成就的纳斯里由于性格缺陷和脾气火爆而屡陷危机，狂惹事端，他天才的展现最终成为了昙花一现；只有本泽马，虽由于纪律问题早已无缘国家队，但他依然在欧洲俱乐部的顶级舞台上绽放光彩，上演着最后的"天鹅之舞"。可以说，本泽马是唯一能够达到人们期待的人，在"四小天鹅"横空出世之后，他也是唯一对得起那个黄金时代的人。

本泽马成名于里昂，在那支法甲昔日霸主、七冠王球队当中，年仅18岁的本泽马就已崭露头角。五个赛季的里昂生涯，他拿下四座法甲冠军奖杯，更是将法甲最佳射手的荣誉收入囊中。本泽马身材强壮、力量十足，身体优势加上精湛的射术，使得他一路从法国各级青年队杀入成年队，尽情展现着不凡的实力，也最大限度地兑现着自己的天赋。

像其他青年才俊一样，在里昂崛起的本泽马很快吸引了豪门的目光。2009年夏天，本泽马以3500万欧元的身价转会皇家马德里。在皇马当

> 2007/2008赛季法国杯决赛，里昂1比0力克巴黎圣日耳曼夺得冠军，本泽马赛后同队友集体庆祝。

时的巨星政策中，卡卡和C罗也在同一个夏天转会而来，年轻的本泽马尚处在巨星的光环之下，大多数时间只能在替补席上等待机会。

在皇马的第二个赛季，本泽马的出场机会和进球数字都得到了大幅度提升。在欧冠赛场上，他在替补出场仅仅43秒后就攻破了旧主里昂队的大门，进球后的他没有庆祝，对老东家表示了足够的尊重。"没有里昂，就没有今天的我"，这是本泽马离开热尔兰球场时的肺腑之言。

2011年12月，本泽马又在一场万众瞩目的国家德比中奉献闪电进球，他开场仅仅21秒就攻破了巴塞罗那的大门，这是国家德比历史上的最快进球，这项纪录一直保持至今。在C罗的身旁，本泽马虽然大多数时间都被掩盖住了星光，但作为C罗的搭档，本泽马共为C罗送上了42次助攻，占了葡萄牙天王皇马生涯总进球数的十分之一。从这个数据上来看，尽管皇马那些年里曾先后把卡卡、伊瓜因以及贝尔作为C罗的主力搭档，但无论是谁，都比不上本泽马在C罗身边所发挥的长期稳定的作用。

当然，在C罗的身边，本泽马也时常扮演着"背锅侠"的角色。C罗状态出色，皇马赢球，那自然是C罗的功劳；C罗表现一般，皇马输球，

∧ 2017/2018 赛季欧冠决赛，本泽马利用利物浦门将卡里乌斯的失误为球队首开纪录，皇马最终 3 比 1 击败红军夺冠。

> 2010 年 12 月 22 日，国王杯 1/8 决赛第一回合，皇马在伯纳乌主场 8 比 0 狂胜莱万特，本泽马和 C 罗双双上演帽子戏法。

∨ 2018 年 5 月 26 日，基辅夺冠夜，本泽马赢得了效力皇马期间的第 4 座欧冠奖杯。

> 2017年5月10日，欧冠半决赛第二回合，本泽马在底线附近以一敌三，以凌波微步突破了马竞的防线，助攻伊斯科打进重要一球。

▲ 2014年世界杯小组赛，法国队3比0轻取洪都拉斯，本泽马打进两球并制造一个乌龙球，星耀全场。

却往往是本泽马的锅，"都赖本泽马"成为了一句在球迷中广为流传的戏谑名言。不过，在这样的讽刺下，本泽马并没有沉沦，反而是一步步地由"本泽马"变成了"本泽虎"。他两次拿到西甲冠军，又四次在欧冠中称王，皇马迎来了欧冠改制以来最辉煌的一个统治时期。

2016/2017赛季的欧冠半决赛，本泽马在底线附近以一敌三，以凌波微步突破了同城死敌马德里竞技队的防线，助攻伊斯科打进了重要一球。那次过人，被称为本泽马职业生涯中最美妙的过人，留在了皇马历史的巅峰记忆中。

在2017/2018赛季欧冠决赛中，本泽马又成为了皇马历史上第13位在欧冠决赛中取得进球的球员。这个进球，为皇马第13次登顶欧洲打开了胜利之门，也令出现超级失误的利物浦门将卡里乌斯沦为笑柄。无独有偶，那个赛季的欧冠半决赛，拜仁慕尼黑门将乌尔赖希也出现过类似的低级失误，那一次进球的受益者同样是本泽马。他带着敏锐嗅觉始终冲在前方，伺机而动，中国球迷赋予他"本泽虎"的称号看起来是实至名归的。

皇马连续 3 年欧冠称王，用俱乐部历史上的第 13 座欧冠金杯再次完成了对欧洲的统治。在银河战舰长达 9 个赛季的 C 罗时代中，本泽马是队内除 C 罗之外进球最多的球员。在皇马队史总射手榜上，本泽马也在 2020 年 6 月超越传奇普斯卡什，升至第 5 位。

这样一个曾经高调的天才少年，在伯纳乌度过了低调却高效的时光，他更是 C 罗离开后助皇马度过这段艰难转型期的领军人物，在长时间的伯纳乌生涯中高光不止。如今，已迎来自己在皇马第 11 个年头的本泽马，仍在坚守的岁月中挺拔站立，在无尽的梦想追寻中为球队正名。

与俱乐部生涯的辉煌相比，本泽马的国家队生涯则显得黯淡。虽然他曾在 2014 年世界杯上奉献了自己国家队的最亮眼表现，但法国队依然无缘四强。随后不久，本泽马的光芒又被迅速掩盖在一桩丑闻之下。由于间接参与了对国家队队友巴尔武埃纳的勒索事件，本泽马被法国国家队永久除名，他因而错过了 2016 年在法国本土举行的欧洲杯，更错过了 2018 年法国队时隔 20 年再度举起大力神杯的光辉时刻。

本泽马的国家队数据定格为 81 场比赛、27 个进球，而他在法国各级国字号球队当中，属于自己的全部荣誉也都定格在了 2004 年的夏天，那座 U17 欧洲锦标赛的冠军奖杯成为了本泽马身披蓝色战袍的唯一巅峰时刻。

那时的他 17 岁，法国足球正处后齐达内与亨利时代，"四小天鹅"的荣光激励着一代人，那本该是他们绽放光彩的时代。然而，他们曾经的手下败将法布雷加斯和皮克等人随西班牙足球功成名就，"四小天鹅"却终究没能写就法国足球的传奇，最终淹没在岁月的洪流之中，泯然众人。唯有本泽马，在这个时代中持续闪亮，用俱乐部生涯的非凡成就延续着他们那一代人共同的希望，在始终傲然而立的"天鹅之舞"中，保持着自己炽热的光芒。

命运之枪

伊瓜因

贡萨洛·伊瓜因
Gonzalo Higuain

国籍：阿根廷
出生地：布雷斯特，法国
出生日期：1987年12月10日
位置：前锋
俱乐部：河床，皇家马德里，那不勒斯，尤文图斯，AC米兰，切尔西，迈阿密国际
俱乐部进球数：307球/645场
国家队进球数：31球/75场

总有一首歌，能让你想起他

\>>>

歌名：No Good in Goodbye
歌手：The Script

伊瓜因在球迷中的昵称是"小烟枪"，并不是因为他有抽烟的习惯，而是因为他遗传了父亲豪尔赫那形似烟斗的大鼻子，同时也继承了父亲踢球时所获的"烟枪"绰号。

如果不是连续在三届大赛决赛中三失单刀机会，这杆"小烟枪"或许可以成为一把威名赫赫的盖世神枪，收获满满的荣誉。然而可叹的是，有的人尽管天赋超群并且足够奋发向上，但还是无法避开命运的残酷，这一点在伊瓜因身上得到了最写实的印证。

2014年7月13日，里约马拉卡纳球场，阿根廷同德国上演世界杯巅峰对决。第21分钟，向来以稳健著称的德国中场克罗斯犯下了他职业生涯最令人后怕的一次失误，他想当然的头球回传直接落在了伊瓜因脚下。但是，被幸福突然砸中的伊瓜因仓促起脚，连球门位置都没看清。随后伊瓜因一心想要将功补过，第30分钟他曾打进一球，但被判罚越位在先。余下的时间里，他再没有获得过接近德国队球门的机会，阿根廷最终距离大力神杯一步之遥。

2015年7月4日，圣地亚哥国家体育场，阿根廷和智利之间的美洲杯决赛进行到补时第2分钟，梅西策动进攻，拉维奇在禁区左侧将球传向门前，跟上的伊瓜因在距门不到两米的地方将球打在了边网上。在点球大战中，第二个出场的伊瓜因一脚爆射将球踢向看台，后来的巴内加也没能抗住压力射失点球，阿根廷遗憾落败痛失美洲杯冠军。

2016年6月26日，纽约大都会球场，百年美洲杯决赛，对手依然是智利。伊瓜因前场断球后单刀面对布拉沃，他却踢出一记业余级别的搓射，皮球偏出球门，阿根廷最终以同样的方式倒在了同一个对手脚下。

三年之内三次错失成为国家英雄的机会，伊瓜因的舆论声望降到了冰点，甚至有人开玩笑说，梅西距离成为真正的球王就差一个"伊瓜因"。

▲ 2010年世界杯小组赛，阿根廷4比1大胜韩国，伊瓜因上演了这届世界杯的唯一一个帽子戏法。

◀ 同德国队的决赛，伊瓜因错失绝佳单刀机会，这让他承受了巨大的舆论压力。

▼ 2014年世界杯1/4决赛，伊瓜因开场仅8分钟便打进一球，帮助阿根廷队1比0淘汰比利时。

尽管那三次浪费机会让伊瓜因至今刻骨铭心，但对一个职业生涯已进三百多球的超级射手来说，他的实力肯定不是这三场不走运的决赛所能盖棺定论的。伊瓜因2007年1月从河床加盟皇马的时候，银河战舰可是为刚满19岁的他付出了1300万欧元的转会费，而且一下就签约6年半。在皇马的蓝图里，当时伊瓜因的光环丝毫不亚于同龄的梅西。

2006/2007赛季的西甲冠军争夺空前激烈，皇马和巴萨一直缠斗到最后一轮仍积分相同，皇马最终靠比较相互之间的交锋成绩而惊险夺冠。尽管只踢了半个赛季，但伊瓜因却在皇马的冠军征途中立下奇功。倒数第5轮同西班牙人队的比赛，他在终场前1分钟打进绝杀球帮助皇马4比3逆转取胜，从而保住了榜首位置。随后的赛季，伊瓜因在对阵奥萨苏纳时再次在最后时刻奉献绝杀，使得皇马提前3轮锁定冠军，实现了西甲两连冠。这一个半赛季，伊瓜因虽然进球不多，但个个关键。

从2008/2009赛季开始，伊瓜因迎来了进球数据的爆发，他超越劳尔拿到队内最佳射手，这奠定了他在欧洲开辟新天地的信心。不过，皇马可不想把希望全部寄托在伊瓜因一个人身上，重新出山的弗洛伦蒂诺依旧笃信巨星政策。2009年夏天，卡卡和C罗的天王下凡把伊瓜因挤到了生存夹缝当中，伊瓜因要和比他小9天的本泽马竞争唯一的中锋位置。当时的本泽马可是弗洛伦蒂诺亲自从里昂高价求得的，相比不属于弗系阵容的伊瓜因，本泽马享有不成文的出场优先权。然而一个赛季下来，伊瓜因非但没有被本泽马挤到替补席，反而将法国人钉在了板凳上，并且力压C罗以27球再次成为队内最佳射手。

伊瓜因是少数没有被挑剔的弗洛伦蒂诺提前扫地出门的球员之一，这足以说明他的硬实力。效力皇马的6年半间，他为银河战舰打进121球，在马德里成长为了一名实力派的顶级前锋。不过，很多人诟病伊瓜因只是"虐菜型杀手"，认为他无法在大场面拿出有说服力的表现，这也是伊瓜因在效力皇马后期被本泽马后来居上的重要原因。尽管穆里尼奥曾经将伊瓜因形容为"猎犬"，把本泽马形容为"猫"，但猎犬却要和猫平分狩猎的机会。2012年皇马的联赛夺冠庆典上，副队长拉莫斯带领全场球迷高

◁ 2006/2007赛季西甲倒数第5轮,伊瓜因终场前1分钟奉献绝杀,皇马4比3逆转西班牙人队,从而在同巴萨的冠军争夺中保住了榜首位置。

▽ 2012年西班牙超级杯第二回合,皇马主场对阵巴萨,伊瓜因首开纪录,皇马2比1取胜国家德比。在双方两回合总比分4比4战平的情况下,皇马以客场进球多的优势夺冠。

▲ 2015/2016 赛季意甲最后一轮，那不勒斯主场 4 比 0 击败弗洛西诺内，伊瓜因上演帽子戏法，赛季总进球数达到 36 球，打破了尘封 66 年之久的意甲单赛季个人进球纪录。

喊"伊瓜因，留下来"，当时的小烟枪热泪盈眶，他对皇马的爱至今都从未改变。

但是，职业足球不是感情游戏，伊瓜因离开皇马时只有 25 岁，如此当打之年却毅然决然地从顶级豪门出走而去，只是因为他不能接受与本泽马分享出场时间。对主角光环的执念让伊瓜因选择了身处意甲中游的那不勒斯，而不是曼城、国际米兰这样的豪门球队。在别人眼里，这样的选择多少有点退而求其次的感觉，但对他来说，退一步，海阔天空。

在那不勒斯，伊瓜因成为了球队当仁不让的第一大腿，进球数逐年递增，在那不勒斯城的地位也越来越高。2015/2016 赛季，伊瓜因在 35 场比赛中攻入不可思议的 36 球，尘封 66 年之久的意甲单赛季个人进球纪录在伊瓜因脚下成为了历史。在那不勒斯，伊瓜因还帮助球队拿到一座意大利杯冠军，一些老资历的那不勒斯球迷都说，伊瓜因让他们想起了当年被

奉为城市守护神的马拉多纳。

其实，马拉多纳也是伊瓜因儿时的偶像，2010年世界杯，在老马挂帅的阿根廷队中，伊瓜因坐稳了首发中锋的位置。对阵韩国队的小组赛，伊瓜因连斩三球，是南非世界杯唯一一位上演帽子戏法的球员。现在想想，伊瓜因是阿根廷足球近些年难得的全能型中锋，很多人吐槽他在2014年世界杯决赛中浪费良机，他们多半忘记了正是伊瓜因在对阵比利时的1/4决赛里一脚定乾坤，把潘帕斯雄鹰送进四强。

其实，就连伊瓜因自己都很难说得清为什么连续三年大赛决赛都会遭遇单刀梦魇，他从来没有逃避过这个话题，他曾对媒体表示："就算我在联赛中进再多的球，也许人们记住的依然是那几次单刀不进，但这是职业足球的一部分，我所能做的就是继续打进更多的球。"现实中，伊瓜因也的确是这样做的，这也是为什么2016年尤文图斯豪掷9000万欧元引进伊瓜因的原因。

如今，他已经告别欧洲大陆远赴迈阿密，也已经退出了阿根廷国家队，论功评过，都已是杯中谈笑。当他说起退役后的打算时，伊瓜因笑言："我或许不会在职业足球领域里谋职，我一直想开一所足球学校，把我的经验教给孩子们，也会笑着给他们讲讲当年我错失单刀的故事。"

◀ 2018年5月19日，尤文图斯获得意甲七连冠，颁奖仪式后，伊瓜因同父亲豪尔赫分享冠军的喜悦。豪尔赫有只形似烟斗的大鼻子，早年当球员时得名"烟枪"，"小烟枪"伊瓜因不仅遗传了父亲的相貌特征，也继承了父亲的绰号。

平凡英雄
卡瓦尼

埃丁森·卡瓦尼
Edinson Cavani

国籍：乌拉圭
出生地：萨尔托，乌拉圭
出生日期：1987年2月14日
位置：前锋
俱乐部：达努比奥，巴勒莫，那不勒斯，巴黎圣日耳曼，曼联
俱乐部进球数：353球/586场
国家队进球数：50球/116场

总有一首歌，能让你想起他

>>>

歌名：High Hopes
歌手：Kodaline

萨尔托，一个仅有 10 万人口的乌拉圭小城，如果没有足球，这座城市或许很难被世人知晓，但因为两个珠联璧合的名字，萨尔托闻名世界。

1987 年 2 月 14 日，西方情人节，卡瓦尼在这里出生，乌拉圭足球有了一位完美情人。就在卡瓦尼出生前 3 周，在距离他家仅仅 6 个街区之遥的地方，也降生了一位日后的足球天才，这个人正是苏亚雷斯。乌拉圭的锋线双煞、黄金搭档，就在 1987 年的这个冬天双双降临在了这个多彩的世界。

尽管来自于同一个地方，但卡瓦尼和苏亚雷斯就像是两个和而不同的个体。苏亚雷斯是鬼魅的双面怪杰，是天使与魔鬼的化身，而卡瓦尼则是冷酷的锋线杀手，是斗争与意志的象征。苏亚雷斯喜欢在方寸之地创造机会，而卡瓦尼则喜欢在开阔天地纵情狂奔。两个人的足球之路，截然不同，却殊途同归。

19 岁这一年，苏亚雷斯来到了荷兰格罗宁根，而卡瓦尼则加盟了意甲球会巴勒莫。巴勒莫主席赞帕里尼或许是一个以炒教练为爱好的"疯子"，但你不得不佩服，他在引入天才球员时有着毒辣的眼光，卡瓦尼、帕斯托雷、迪巴拉都是在西西里岛完成了职业生涯的华美蜕变。

2007 年 3 月 11 日，卡瓦尼在主场迎战佛罗伦萨的比赛里迎来了巴勒莫首秀。第 55 分钟，0 比 1 落后的巴勒莫换上了这位老板淘来的至宝。15 分钟过后，卡瓦尼就在禁区边缘用一个范巴斯滕式的凌空抽射将皮球干净利落地送入了对方球网，就像卡瓦尼那硬朗的面庞和力量感十足的肌肉线条一样，这个进球也是雷霆万钧。千钧利刃，名不虚传，这是一个完美的处子球。

往后的岁月里，这个有着意大利血统的斗士，把自己的冲击力完全释放在了亚平宁战场。巴勒莫也在卡瓦尼的加持下，获得了意甲豪门杀手的称号，那段粉红色的岁月也成为了卡瓦尼初出茅庐的纪念。那时，当地人开始把这个眼中永远燃烧着求胜火焰的年轻人称作"角斗士"。

如果说巴勒莫是卡瓦尼显山露水的驿站，那么那不勒斯则是乌拉圭人大杀四方的舞台。中锋是卡瓦尼威力最大化的最佳位置，在圣保罗球场的 3 个赛季，也是他最为顺风顺水的 4 载岁月。

在这里，人们开始把角斗士卡瓦尼与战神巴蒂斯图塔相提并论，他们都有着飘逸的长发，霸气的球风，完美的身材，甚至连他们的庆祝动作都如出一辙。更重要的是，和巴蒂一样，卡瓦尼也是个见神杀神的致命武器。在卡瓦尼的意甲生涯里，他总共上演过 7 次帽子戏法，其中尤文图斯、米兰双雄、罗马双雄都曾经倒在角斗士的千钧利刃之下。意甲江湖的五大豪门一向以混凝土般的钢铁防守为傲，但卡瓦尼的所向披靡却让这一切荡然无存。

在那不勒斯的 3 个赛季，卡瓦尼在前锋最为恐惧的意甲战场留下了 78 个进球。2012/2013 赛季，卡瓦尼更是以 29 个进球荣膺意甲金靴。那个年代，卡瓦尼、拉维奇和哈姆西克组成那不勒斯三叉戟，蓝色风暴席卷亚平宁。2012 年的意大利杯决赛，卡瓦尼打进一粒金子般的进球，帮助球队 2 比 0 拿下尤文图斯，踩着巨人的肩膀登顶意大利杯，这是那不勒斯自马拉多纳时代后的又一个冠军，那不勒斯人为这一刻等待了足足 22 年。

时至今日，卡瓦尼依旧对那不勒斯有着特殊的情感。"当飞机即将降落在那不勒斯机场的那一刻，我望着窗外，心里想着我终于又回到了我的城市。"这是多年之后以对手之姿回到那不勒斯时，卡瓦尼对于这里的深情告白。同样的，这里的人们也永远不会忘记这个被爱守护的角斗士。

卡瓦尼在 2013 年夏天把他的未来许以巴黎，财大气粗的巴黎圣日耳曼以 6400 万欧元的价格将乌拉圭人带到了王子公园球场。在大巴黎的 7 载光阴，大多数时间他不是这里的第一宠儿，他似乎总是被牺牲和忽视的那一个。伊布时代，卡瓦尼只能将中路的广阔天地相让，居于边路；MCN 时代，内马尔和姆巴佩又是巴黎王座的头两把交椅。而在乌拉圭国

∧ 2011/2012 赛季意大利杯决赛中，卡瓦尼在第 63 分钟终于打破僵局，最终帮助那不勒斯 2 比 0 力克尤文图斯夺冠，这是那不勒斯自马拉多纳时代后首次拿到重要赛事的冠军。

▷ 2015/2016 赛季法国杯决赛，巴黎圣日耳曼 4 比 2 击败马赛队蝉联冠军，卡瓦尼在比赛中打进一球，他的锋线搭档伊布则攻入两球。

∨ 卡瓦尼同姆巴佩、内马尔组成了巴黎圣日耳曼队的 MCN 组合。2018 年 8 月 25 日，MCN 组合的 3 人各入一球，帮助大巴黎主场 3 比 1 击败昂热。

△ 2014年世界杯小组赛，乌拉圭2比1击败英格兰，卡瓦尼同独中两元的苏亚雷斯庆祝进球。两人年龄相仿，也来自同一个地方，是乌拉圭国家队的黄金搭档。

家队，卡瓦尼的地位也一直位居弗兰和苏亚雷斯之后，"二当家""三当家"成为了卡瓦尼不可逃避的宿命。但是，在低调的乌拉圭人眼中，他从来不理会这些来自外界的标签，他一直坚持在做的就是做自己，用自己的本职和本质证明自己。

2018年1月27日的巴黎王子公园球场，这是属于卡瓦尼的历史之夜。在4比0大胜蒙彼利埃的比赛中，他打入了自己大巴黎生涯的第157球，从而超越伊布，成为了巴黎圣日耳曼队史第一射手。更加难得的是，这157个进球，乌拉圭人仅用了229场比赛就解锁完成。

足球江湖里，总有人把卡瓦尼戏谑为"吐饼王"，而当他达到里程碑的一刻，人们才恍然发现，这个"吐饼王"其实是个效率之王。在卡瓦尼登顶历史射手王后，内马尔与他深情相拥，伟大的球员之间总可以在足球的名义下惺惺相惜，冰释前嫌，当年的"抢点风波"此时早已烟消云散。

在巴黎圣日耳曼的 7 个赛季，卡瓦尼两次荣膺法甲金靴，并为球队捧回了 6 座法甲桂冠。这样一家独大的格局背后，是卡瓦尼 7 年来源源不断的火力输出，19 座冠军奖杯的背后，乌拉圭人居功至伟。告别王子公园转战老特拉福德，卡瓦尼希望重塑曼联传奇 7 号的荣光。

如果与大巴黎的光辉岁月相比，卡瓦尼的国家队生涯无疑写满了遗憾。2011 年，卡瓦尼和天蓝色勇士曾一起为祖国捧回了第 15 座美洲杯的桂冠，但这个骄傲时刻没能在后来得以复制。

2018 年的俄罗斯之夏，那里本有一个最好的卡瓦尼，面对 C 罗领衔的葡萄牙，卡瓦尼用他两粒毫不讲理的进球把葡萄牙人打回家，但无情的伤病让他无缘与法国的八强之战。被淘汰之后，卡瓦尼安慰着眼含泪水的好兄弟苏亚雷斯，这两个从萨尔托走出的孩子已不再青葱年少，那一天，苏亚雷斯依偎在卡瓦尼的怀抱中，这对乌拉圭国家队的黄金搭档，不知还有没有下一个四年，去风干这曾经无言的哀伤，抚平这曾经风霜的泪痕。只有时间，可以在未来再诉衷肠。

"我是个足球人，不是明星"，这是卡瓦尼一直以来对自己的定义。他纯粹地忠于自己的足球本分，不管周遭世界的一切定义。他注定不是所有人的宠儿，这世界也注定没有一个人会博得全世界的宠爱。所以，他只是像个活在自己足球武林里的江湖高手，手执千钧利刃，利刃所向则寒气逼人，剑光一卷若星雨银河，自有一番震撼江湖的波澜壮阔。

总有一首歌，能让你想起他

>>>

歌名：Waka Waka（This Time for Africa）
歌手：Shakira feat. Freshlyground

从 2019 年起，皮克登上网球新闻的次数已经直逼足球。他坐在西班牙国王费利佩六世身边观看戴维斯杯网球赛，表情既严肃又活泼，如今的他位高权重，全力导演了历史逾百年的戴维斯杯网球赛事的全面改革。他依然是巴塞罗那足球队的球员，但也是戴维斯杯网球赛的主办者，同时，他还是一名商人、财团主席。

皮克的影响力正迅速扩大，超越了足球，扩张至网球，而且还远远不止。同时，他引发的争议也越来越大，跨过了加泰罗尼亚，延伸至整个西班牙，只是他并不在意。

这就是皮克。他只坚持自己，只做自己认为对的事。他热烈地爱，大胆地恨，勇敢地投入，随心地表达，即使永远身处争议的漩涡，也无所顾忌。

别人很难有皮克这样的底气，也许真的因为他有很多条退路，每一条退路都不会逊于当球员。但是，他就是喜欢踢球。

像皮克这样含着金钥匙出生的球员并不多，他的父亲是著名商人，母亲经营着一家医院，外祖父曾任巴萨主管财政的副主席长达 20 年。从出生之日起，皮克就拥有了一张巴塞罗那俱乐部的终身会员卡，他日后进入拉玛西亚青训营也显得顺理成章。皮克不需要选择，出身已经为他做好了选择。

无论是少年皮克，还是成年皮克，对他效力的俱乐部，他会无条件地付出爱；而对他的对手们，他总是极尽挖苦和讽刺。

除了巴萨，皮克还深爱着曼联，崇敬着弗格森，在内心深处无比敬重狠狠训诫过自己的红魔队长罗伊·基恩。从 17 岁到 21 岁，皮克在曼联度过了 4 年隐忍的时光，直到巴塞罗那一纸调令，他的命运被突然改变。

皮克说，人的一生当中，总会有很多时刻让你联想到命运和机遇这些字眼，就比如 2008 年。这个红魔阵中原本的第五中卫人选，仅仅一个赛季后，就成了巴萨六冠王阵容中不可或缺的中后卫。他有着 1.94 米的身

▲ 2007/2008 赛季欧冠小组赛，曼联主场 4 比 0 轻取基辅迪纳摩队，皮克为球队首开纪录。

◀ 2009 年 5 月 2 日，国家德比在伯纳乌上演，巴塞罗那 6 比 2 狂胜皇家马德里，皮克也有一球进账，这一疯狂的比分震惊了整个世界足坛。

▼ 2008/2009 赛季，刚从曼联回到巴萨的皮克便帮助球队赢得欧冠冠军，他在决赛中战胜的正是前东家曼联。

高，出色的高空拦截能力，一颗极富进攻欲望的心，让瓜迪奥拉为普约尔找到了完美搭档。

恐怕连费迪南德和维迪奇也不会想到，那个大半时间都坐在板凳上等着替换自己出场的西班牙男孩，摇身一变，会成为与他们齐名的世界最佳中卫候选。皮克离开曼联的时候21岁，他登上世界之巅的时候23岁，中间的两年时间，就是这个西班牙小伙子去成长、去蜕变的增值期。两年究竟改变了什么，只有皮克说了算。

势如破竹的六冠王赛季，皮克首次登上国家德比的舞台就完成了进球，他的赛季出场时间位列全队第四，仅次于巴尔德斯、阿尔维斯和普约尔。整个2009/2010赛季，皮克在普约尔身边紧紧守护着红蓝防线，巴塞罗那仅有24个失球。老帅博斯克不需要纠结，他只需把这条钢铁防线直接搬到西班牙国家队。

只会无条件付出的皮克在南非世界杯的赛场上被鞋钉刮破过眼角，也口吐过鲜血，但无论是皮克、普约尔还是拉莫斯、卡普德维拉，都以无所畏惧的姿态固守着斗牛士军团的城池。夺冠征程的7场比赛中，西班牙队仅在小组赛中丢掉2球，进入淘汰赛后，他们各司其职，力保球队一球未失。西班牙夺取大力神杯的过程就如同巴萨在世界足坛难遇敌手，这既是气势的积淀，更是实力使然。

皮克说："足球生涯就像电影，但永远比电影更深刻。"

足球让皮克疾速走上事业的巅峰，也让他找到了自己的真命天女。在录制南非世界杯主题歌《Waka Waka》的MV时，皮克遇到了与自己同月同日生却比自己大整整十岁的夏奇拉，拉丁天后性感魅惑的声音和激情狂放的舞蹈仿佛能把自己的生活也带进动感的旋律。

2012年欧洲杯，在普约尔因伤缺阵的情况下，皮克与拉莫斯搭档，再次复制了淘汰赛一球未失的硬核表现，斗牛士军团大赛连续称雄，让皮克在25岁时就尽享冠军大满贯，这几乎是一个难以被复制的神迹。在足球的范畴内，皮克已经拥有了全世界，而他只愿意向全世界展示一个最真实的皮克。

那个在穆里尼奥登陆伯纳乌的处子赛季就向他亮出五根手指的人，是

▲ 2010年世界杯,皮克出战了西班牙队的全部7场比赛,并且都打满全场,帮助斗牛士军团首捧大力神杯。整届杯赛,他和普约尔领衔的后防线只丢了2个球。

▽ 2013年9月14日,巴塞罗那主场迎战塞维利亚,夏奇拉带着8个月大的儿子米兰来到诺坎普为皮克助阵。

皮克；那个企图用"五指山"永远压制皇家马德里的人，是皮克；那个在国家队和拉莫斯紧密并肩，回到各自俱乐部却即刻反目的人，还是皮克。如果说拉莫斯是皇马主义者，皮克就是巴萨主义者，他只爱巴萨，一切巴萨的对手都是敌人。他与C罗在曼联建立起的友谊随着C罗转会皇马消失殆尽，他曾骄傲地宣称，自己一对一防守下早已看穿C罗的招数，全然不顾被打脸后球迷对他的嘲笑。大概没人敢像皮克这样，公开承认自己在社交媒体上建立了一个对喷群，目的就是让巴萨球员和皇马球员在里面相互奚落。他诚实得毫无顾忌，让爱他的人更爱，恨他的人更恨，中立的球迷只好摇摇头，对他无可奈何。

对于自己的缺点，皮克同样不加掩饰。他坦承，自己无法像瓜迪奥拉要求的那样在24小时的世界里只想足球。皮克爱打网球，爱玩德州扑克，他一直经营着自己的公司，享受着生活的绚烂。所以，当媒体和球迷质疑他的专注度时，他对他们的指责淡然处之。

他在巴西世界杯上状态不佳，于是坦然接受了坐上替补席的安排。他自感力不从心，早在2016年就做出了两年后退出国家队的决定。他公开支持加泰罗尼亚公投，即使面对举国谩骂，也坚持表达自己的观点。他在俄罗斯的舞台上手球送点，黯然从西班牙国家队退役。但是，回到国家德比的舞台，他又一次威风地亮出了他的"五指山"。

皮克在2018年与巴塞罗那续约四年，他说这是他不退役的唯一理由。他对巴萨很专一，但他却是巴塞罗那队里最"三心二意"的人。利用联赛的空档期，皮克在两个月的时间里飞了48万公里，绕了地球一圈多，去为他的财团、他的戴维斯杯奔波。同时，他尽心尽力地为巴萨俱乐部在全球范围内寻找赞助商，还收购了两家足球俱乐部，把梅西和普约尔都拉进了自己的生意圈。

但是，皮克就是不愿意放弃自己的球员身份，他喜欢西班牙球迷为他起的绰号"皮肯鲍尔"，享受巴萨球迷对他炽热的爱。当人们说皮克是最有资格竞选巴萨主席的人选时，他没有否认。

皮克的生活被很多选项、很多种身份包围着，但他最爱足球，他说这是因为足球把他从男孩变成了男人。

> 2018年10月28日,巴塞罗那主场5比1大胜皇家马德里,皮克亮出手掌,表示灌了皇马5个球。8年前在巴萨5比0击败皇马后,皮克就曾有过这样的巴掌庆祝,在当时引起了轩然大波。

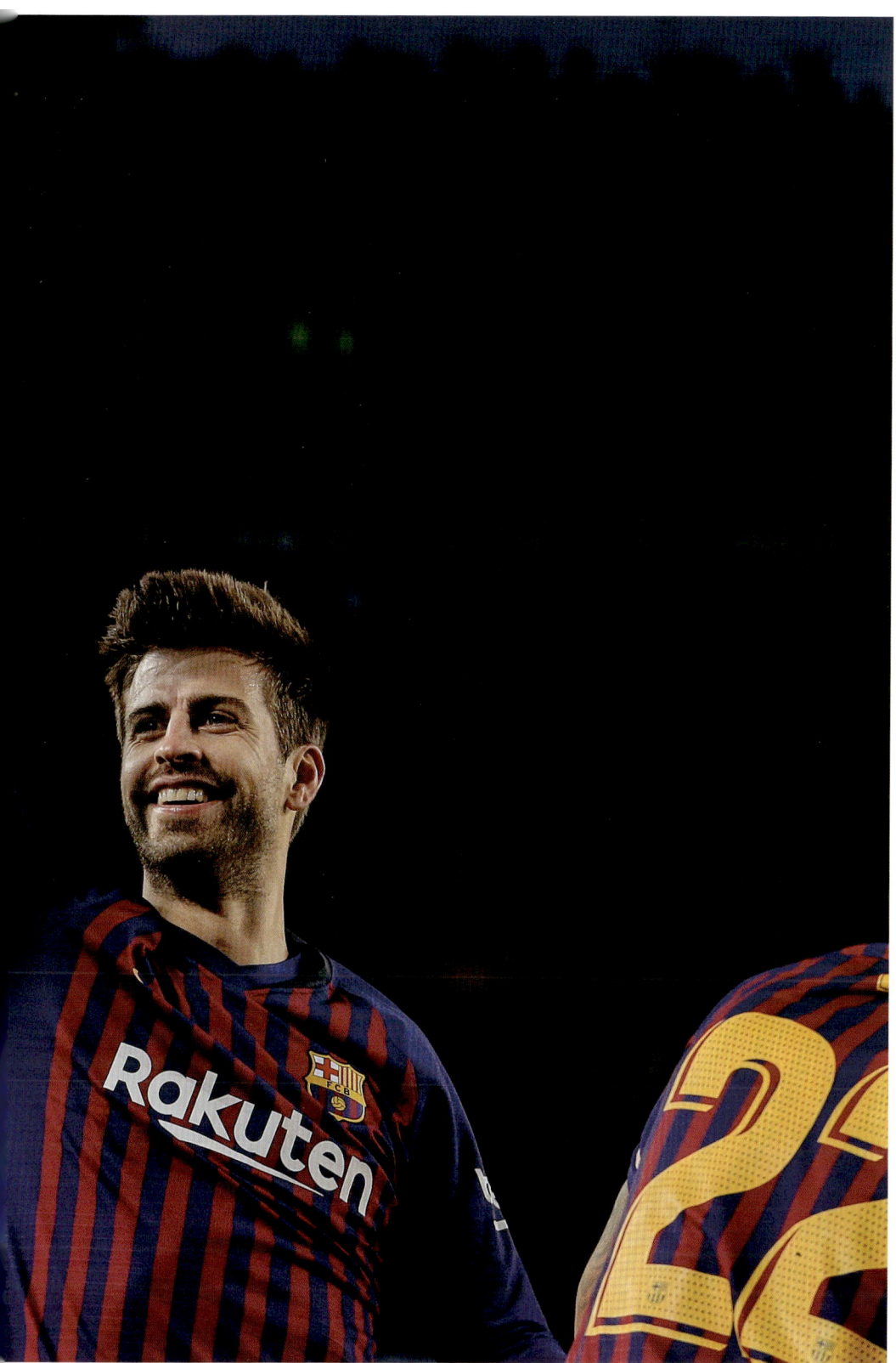

尖锋斗士

曼朱基奇

马里奥·曼朱基奇
Mario Mandzukic

国籍：克罗地亚
出生地：斯拉沃尼亚布罗德，南斯拉夫
出生日期：1986年5月21日
位置：前锋
俱乐部：马尔索尼亚，萨格勒布 NK，萨格勒布迪纳摩，沃尔夫斯堡，拜仁慕尼黑，马德里竞技，尤文图斯，卡塔勒
俱乐部进球数：214球/548场
国家队进球数：33球/89场

总有一首歌，能让你想起他

>>>

歌名：Love Runs Out
歌手：OneRepublic

　　克罗地亚足球和南斯拉夫足球一脉相承，是欧洲足坛技术流派的典型代表。从外形上看，身高将近 1.90 米的曼朱基奇不是达沃·苏克那样的技巧型前锋，在他刚出道时，也很少有人拿他和苏克相比，一是因为两人的确类型不同，二是因为曼朱基奇彼时还没有完全显现出成为世界顶级中锋的潜质。

　　不过在 2005 年，曼朱基奇被克罗地亚国内劲旅萨格勒布 NK 队相中，球队当时的主教练断言，马里奥·曼朱基奇会成为克罗地亚足球未来的锋线依靠，他一定会在国家队占有一席之地。这位主帅，就是 1998 年率领苏克一行人惊艳世界的老帅布拉泽维奇。

　　后来，当布拉泽维奇谈起曼朱基奇时，老人家表示，他从曼朱基奇身上看到了很多苏克所不具有的素质。当时的曼朱基奇已经接近 1.90 米，身材瘦长，不过他的脚下技术却是同龄球员中的佼佼者，尤其是射门很有准星。

　　转投克罗地亚豪门球队萨格勒布迪纳摩后，曼朱基奇一跃成为克罗地亚国内联赛最出色的前锋，并且在 2008/2009 赛季拿到联赛金靴。在那支萨格勒布迪纳摩阵中，有两名球员备受关注，一个是队内身高最高的曼朱基奇，另一个是最矮的莫德里奇。莫德里奇少年得志，当时已是国家队的常客，并且作为主力中场参加了 2008 年欧洲杯。时任迪纳摩主帅索尔多曾向国家队主教练比利奇推荐曼朱基奇，比利奇权衡再三，还是选择了从肾病中康复的老将克拉什尼奇，但他同时告诉索尔多，曼朱基奇早晚会成为国家队的首发前锋。

　　比利奇的预言不到两年后就成为了现实，无缘南非世界杯的败局让克罗地亚足协痛定思痛，要求比利奇尽快完成国家队的更新换代，比利奇首先想到的人就是已高薪转会沃尔夫斯堡的曼朱基奇。狼堡两年的历练让曼

∧ 2011 年 5 月 14 日，德甲最后一轮，沃尔夫斯堡客场 3 比 1 击败霍芬海姆队保级成功，曼朱基奇独中两元。

朱基奇在德甲赛场声名鹊起，两个赛季 20 粒进球虽不算高产，但他在前场的支点作用和冲击力却有目共睹。

2012 年欧洲杯，曼朱基奇如愿成为了格子军团当仁不让的首席中锋，在他身后，莫德里奇、拉基蒂奇、佩里西奇这批黄金一代的成员都已日渐成熟。只可惜，深陷死亡之组的克罗地亚没能在西班牙和意大利两大强敌的包夹下突围，以 1 分之差小组出局。不过，曼朱基奇个人以 3 粒进球并列成为欧洲杯最佳射手，克罗地亚新锋霸的横空出世吸引了很多豪门球队的关注。

与沃尔夫斯堡同联赛的拜仁慕尼黑可谓近水楼台，毕竟，德甲巨人的吸引力总能让他们不费气力就从竞争对手阵中网罗到优秀球员。欧洲杯结束后一个月，曼朱基奇就来到了塞贝纳大街，举起了拜仁 9 号球衣。

"他总是充满了战斗欲望"，这是老帅海因克斯对曼朱基奇做出的最多的评价，也是曼朱基奇最吸引人的一种特质，更重要的是，这种特质同最强调精神属性的拜仁无缝融合。

曼朱基奇刚到拜仁时，他的角色定位是与拜仁前一赛季的最佳射手马里奥·戈麦斯轮换出场。拥有两个"超级马里奥"冲锋陷阵，再加上罗贝里的"左右逢源"，那支拜仁的攻击力冠绝欧洲。在慕尼黑的两年也是曼朱基奇真正走向世界级中锋的两年，不仅仅在于他不可替代的战术价值，更重要的是，他始终保持着对比赛的饥饿感。每次赛后采访，在谈到自己表现时，曼朱基奇说的最多的一句话就是"不理想"，似乎在他眼里，那个"完美"的自己根本不存在，但在球迷眼中，他其实已经足够优秀。

在拜仁威风八面的 2012/2013 赛季，曼朱基奇 22 个进球的成绩算不上骄人，但含金量十足。最重要的进球当然是在温布利大球场的欧冠决赛中，罗贝里的连线帮助曼朱基奇首开纪录，那个进球后倾听全场欢呼的"超级马里奥"帮助拜仁站在了欧洲之巅，也定格了自己职业生涯的坐标之夜。

那是曼朱基奇第一次站上欧冠决赛的舞台，他本有机会第二次触碰圣杯，但在 4 年后的加的夫千年球场，齐祖"护佑"下的皇家马德里让尤文图斯的防线吃尽了苦头。那场比赛的第 26 分钟，曼朱基奇在禁区边缘突然腾空倒钩，用一记超级世界波帮助斑马军团扳平比分，这是曼朱基奇职业生涯迄今为止最令人拍案叫绝的进球，然而，这记天外飞仙依然没能阻挡银河战舰的卫冕大业。曼朱基奇徒有一腔战斗热血，却无力改变战局。

这种从骨子里衍生出的战斗精神是巴尔干半岛的国家灵魂，是从战争中浴火而出的气质，克罗地亚民族如此，克罗地亚足球亦如此。

2018 年世界杯上的克罗地亚队吸粉无数，他们强悍的精神属性给全世界球迷留下了深刻印象。按名气论，低调的曼朱基奇算不上那支球队的第一明星，但他绝对有资格成为克罗地亚足球的英雄。

1/8 决赛对阵丹麦，曼朱基奇的进球帮助格子军团迅速追平比分并最终在点球大战中胜出。同英格兰的半决赛前，曼朱基奇右腿腓肠肌轻度拉伤，如果在日常联赛中出现这样的伤势，球员一定会被队医勒令休战，但大战当前，曼朱基奇毅然决定带伤出战。加时赛上半场尾声，在门前一次

∧ 2017年6月3日，曼朱基奇第二次站上欧冠决赛的舞台，他的精彩倒钩一度扳平比分，但尤文最终还是1比4不敌皇马无缘冠军。

< 2012/2013赛季欧冠决赛，拜仁同多特蒙德上演巅峰对决，曼朱基奇第60分钟率先进球，他做出了倾听全场欢呼的庆祝动作。

∨ 这是曼朱基奇首次参加欧冠决赛，就帮助拜仁夺得了欧冠冠军。这也是他加盟拜仁的首个赛季，过程无疑是完美的。

▲ 2018年世界杯半决赛，曼朱基奇在加时赛中攻入制胜一球，克罗地亚队2比1力克英格兰队闯入决赛。

五五开的机会中，曼朱基奇伸出有伤的右腿冒险抢点，结果和对方门将皮克福德重重相撞。曼朱基奇当即倒地不起，痛苦不堪。而成功化解危机的皮克福德则以胜利者的姿态冲着曼朱基奇大声咆哮，试图击碎对手残存的一点意志。但曼朱基奇还是拖着伤腿站了起来，并且在加时赛下半场打进反超比分的进球，亲手淘汰三狮军团。那场比赛，曼朱基奇足足拼了115分钟才不得已被换下场，那是他和队友们连续经历的第3场加时赛，他们用钢铁般的意志拼出了克罗地亚足球新的历史。

1/4决赛对阵俄罗斯前，曼朱基奇曾自掏腰包，请家乡斯拉沃尼亚布罗德的6万多居民畅饮啤酒，并且相约如果最终夺冠，他将举行一个更加盛大的啤酒盛宴，邀请家乡父老把酒言欢，醉忆轩昂。不过，这份约定没有变成现实。卢日尼基的决战，曼朱基奇不慎成为了第一个在世界杯

决赛打进乌龙球的球员。随后的比赛,曼朱基奇用不停的奔跑尽力弥补自己的过失,他成功从洛里脚下断球扳回一城,把尴尬甩给了对手。不知你能不能想得起来,他完成破门时用的右腿,正是那条已经处在极限的伤腿。

那届世界杯不属于克罗地亚,那届世界杯也属于克罗地亚,这是曼朱基奇在国家队的最后荣光。世界杯后,他退出了国家队,再强大的战士也有倦鸟归巢的一天。

拜仁名宿埃芬博格对他不吝溢美之词:如果再年轻一些,曼朱基奇可以值 2 个亿。当然,34 岁的曼朱基奇如今仍然像他 24 岁时一样,走上球场就忘记了疲惫。他说,不管身在何方,足球永远排在生活的第一位,只有迈开双腿才对得起脚下的足球。

◁ 同法国队的决赛,曼朱基奇不慎打进乌龙球,又用进球弥补了自己的过失,但格子军团最终还是 2 比 4 不敌法国,与大力神杯擦肩而过。

孔帕尼

勇者无畏

文森特·孔帕尼
Vincent Kompany

国籍：比利时
出生地：于克勒，比利时
出生日期：1986年4月10日
位置：后卫
俱乐部：安德莱赫特、汉堡、曼城
俱乐部进球数：31球/532场
国家队进球数：4球/89场

拉莫斯
皇家护卫

塞尔吉奥·拉莫斯
Sergio Ramos

国籍：西班牙
出生地：塞维利亚，西班牙
出生日期：1986 年 3 月 30 日
位置：后卫
俱乐部：塞维利亚，皇家马德里
俱乐部进球数：101 球 / 704 场
国家队进球数：23 球 / 174 场

队历史上史无前例的国内赛事四冠王，孔帕尼也第四次捧起了英超联赛的桂冠。但这个赛季，也充满了时代远去的离愁别绪，因为这同时是孔帕尼最后一次高举英超奖杯。当他到来时，前方是一片未知的旷野，荆棘密布，荒草丛生。当他离开时，他所站立之处，已然生机盎然，花开漫天。

告别的时刻，孔帕尼洒下英雄泪，铁汉亦有柔情时。他告诉这些依旧在战斗的队友，欧冠奖杯是他们未来的追求，这是孔帕尼再也无法圆满的梦，但这些后来者需要带着他的梦想继续前行。传奇总会老去，传奇总会远去，但梦想永远都会在时代的传承中生生不息。

当他离开之时，蓝月拥趸们都说，孔帕尼就是曼城历史上最伟大的队长。从他来到这里的第一天起，到他在球队的最后一天止，他都用自己的表现证明着，这是一份当之无愧也恰如其分的夸赞。坐拥四个英超冠军、两个足总杯冠军、四个联赛杯冠军以及两个社区盾杯冠军，蓝月领袖孔帕尼完美告别。

难说再见，是孔帕尼告别时的无言告白。在他的人生字典里，从来不缺少铁血与担当。他用一次次顽强的防守诠释着勇者无畏的力量，他用一粒粒金子般的进球担负着功勋队长的责任。从平凡到伟大，他是曼城走向冠军荣耀的基石，是曼城构建豪门殿堂的脊梁。他是曼城的队长，更是欧洲红魔比利时的中坚力量，2018年世界杯季军的成绩注定会让孔帕尼一代被历史铭刻。曼城的蓝色与比利时的红色，是孔帕尼用全部能量去捍卫的永恒信仰。

过去已去，未来已来，孔帕尼已经完成了自己职业生涯的最后转身。从球员到教练，这是一个传奇的终点，或许又是另一个传奇的起点。未来，在伊蒂哈德球场外，必然会有一座属于孔帕尼的雕像矗立，那会是一道象征着勇气与无畏的蓝月之光，永远照耀着辉煌的过去，永远激励着光明的未来。

< 2018 年世界杯 1/4 决赛,比利时队 2 比 1 力克巴西队闯入四强,并最终获得第三名,创造了队史世界杯最佳战绩。小组赛阶段,孔帕尼因伤只在第三场替补出场了 15 分钟,不过到了淘汰赛阶段,痊愈的他一分钟也没有缺席。

> 2019 年 5 月 20 日,曼城举行冠军巡游,已宣布重回安德莱赫特的孔帕尼向蓝月球迷挥手道别。在曼城的最后一个赛季,他帮助球队夺得英超、足总杯、联赛杯和社区盾杯冠军,加冕国内四冠王。

∨ 2018/2019 赛季英超倒数第二轮,曼城主场同莱斯特城的关键之战中,孔帕尼用一脚石破天惊的远射攻入全场唯一进球,使曼城继续保有对争冠对手利物浦的 1 分优势。

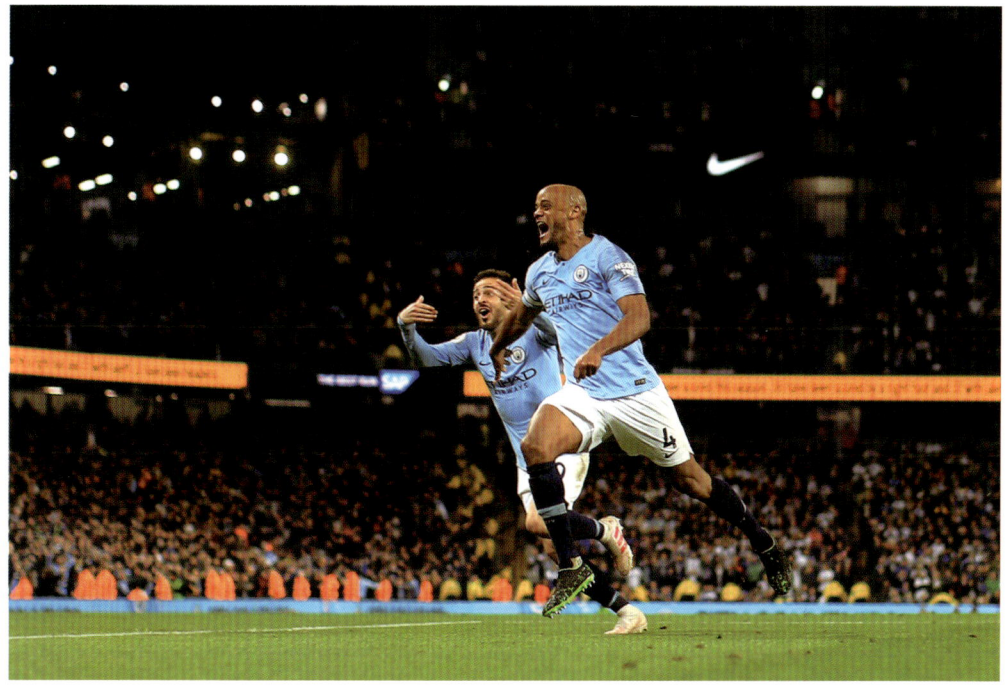

同城死敌曼联发起王权挑战的开始。在倒数第三轮面对面的天王山之战中，大场面先生孔帕尼金头一闪，成为了那个绝杀死敌的德比英雄。进球后的他像踩了弹簧一样疯狂奔跑庆祝，那一刻，他是当之无愧的伊蒂哈德之王。可以说，如果没有这场胜利，就不会有两周后阿圭罗读秒绝杀的酣畅淋漓，就不会有那座改变历史的英超奖杯。这个进球，保留了曼城的冠军火种，吹响了曼城的胜利号角，引领着一代蓝月勇士捧起了44年未曾触碰过的顶级联赛桂冠。英超冠军，终归曼城。

没有人会忘记那个与利物浦杀得难分难解的2018/2019赛季，那是曼城捍卫自己冠军荣耀的卫冕之年。联赛倒数第二轮，曼城主场迎战莱斯特城，当场上形成僵局之时，又是孔帕尼以一己之力改变了战局，蓝月队长用一脚石破天惊的远射让整个伊蒂哈德球场陷入沸腾。红军主帅克洛普说，当他以为利物浦终于迎来反超机会时，孔帕尼一脚将红军的冠军梦踢得粉碎。他说，他恨这个男人，也爱这个男人，因为孔帕尼证明了领袖的意义与价值。

这就是队长，这就是领袖，即使他已经不再年轻，但他依然可以用他的方式让你看到青春的模样。在需要人挺身而出的时候，"维尼"永远都在。同莱斯特城的那场比赛赛后，队友们都向队长主动坦白，大方"认错"，因为在孔帕尼射门之前，队友们"不要射门"的喊话声充斥他耳边。队长对此的回应颇为霸气："我已经在顶级联赛里征战多年，我根本无需年轻人告诉我该做些什么，我无比确定，我要在离开曼城前做一件让所有人都目瞪口呆的大事。"

"不要射门，维尼！"这是在他射门前人们的高声喊话与内心想法。

"哦！队长，太棒了！"这是在他进球后所有曼城球迷咆哮的声音。

就像瓜迪奥拉赛后所说的那样，足球就是这样，球员是场上的艺术家，他们在瞬间做出的决定，就可以改变比赛。那一刻，孔帕尼相信自己可以进球，是他的信念帮助球队赢得了比赛，赢得了冠军，这就是信念的力量。

2018/2019赛季之于曼城，是一段甜蜜的回忆，因为他们赢得了球

∧ 2011/2012 赛季英超倒数第三轮,在曼城同曼联的争冠天王山之战中,大场面先生孔帕尼金头一闪,成为了那个绝杀死敌的德比英雄。

∨ 2012 年 5 月 13 日,曼城在一场超级逆转之后历史上首次夺得英超冠军,孔帕尼作为队长捧起了冠军奖杯。

总有一首歌，能让你想起他

>>>

歌名：I Won't Let You Go
歌手：James Morrison

铁血，是一种意志，一种态度，一种习惯，一种抉择，更是一种与生俱来的领袖风范。这种风范，丰富着足球世界的凌云豪气，充盈着足球世界的精神内涵。文森特·孔帕尼，无疑是铁血精神的完美诠释者之一。在英超这个充满热血和对抗的纷繁江湖，他以勇士无畏之姿，以硬汉不屈之势，留下了自己在这个足球江湖中的铁血传奇。

这一切传奇的起点，都源于 2008 年的那个夏天。彼时，这位比利时铁卫在已效力 3 年的汉堡队壮志难酬，时任曼城主帅马克·休斯慧眼如炬，把孔帕尼招入帐中。马克·休斯当时就曾断言，孔帕尼会是曼城未来走向辉煌的基石，一个真正的时代领袖。

然而，英国媒体对马克·休斯的言论充满质疑，他们认为这只是威尔士人例行公事般的商业吹捧。但 11 年过后，当孔帕尼离开蓝月军团时，时间证明了马克·休斯是一个不折不扣的预言大师。

在孔帕尼初来乍到的岁月，他的领袖气质就显露无疑。面对西汉姆联的蓝月生涯首秀，与队友磨合尚浅的孔帕尼就尽显大将风范，他的每一次喊话，每一次铲抢，都燃烧着一个男人战斗的火焰。在对抗激烈的英超，孔帕尼如鱼得水，他的每次防守都释放出雄性荷尔蒙的气息，那是一种生命的不屈张力。用队友萨巴莱塔的话说，孔帕尼的防守有时会让人产生一种奇妙的错觉，仿佛自己的球队在场上比对手多一人，因为他总是出现在每个关键的位置上，无时无刻不在助球队化险为夷。

身体意识一流，精神属性强大，在大场面中拥有大心脏，这样的孔帕尼成了英超世界最令人胆寒的中卫之一。莱因克尔曾经说过，过去十年，在重要时刻的表现，没有哪个队长能比孔帕尼做得更好，他是队长中的队长。

没有人会忘记那个与曼联争锋搏杀的 2011/2012 赛季，那是曼城向

总有一首歌，能让你想起他

＞＞＞

歌名：Stronger
歌手：The Score

　　这个世界总有这样一类人，爱他的人对他爱得无以复加，恨他的人对他恨得咬牙切齿，拉莫斯显然就是这种人。爱他的人把他称作铁血队长，恨他的人把他叫做恶汉莽夫。当你和他是对手时，你恨不得要"杀"了他，但如果他出现在你的球队中，你又会瞬间爱上他。拉莫斯爱那些爱他的人，拉莫斯也爱那些恨他的人，这就是拉莫斯。

　　爱，为何如此之深？恨，又为何如此之切？

　　爱拉莫斯，因为他是天生赢家，他拥有一个全世界足球运动员都艳羡不已的职业生涯。足球江湖高手如云，风格多样，但不管是谁，都需要用奖杯来证明自我的核心价值。在这个世界上，能够获得足球荣誉大满贯的天之骄子屈指可数，但拉莫斯就是其中之一；在这个世界上，能够连续三次以队长之姿举起欧冠奖杯，这本就是一个属于足球的奇迹。他站在过欧洲之巅，站在过世界之巅，他用24座沉甸甸的冠军奖杯，体悟着一览众山小的酣畅与豪迈，他是其中不可分割的冠军因子，他更是其中举足轻重的王者拼图。

　　爱拉莫斯，因为他是天生领袖，逆境看拉莫斯，绝境更看拉莫斯，这是拉莫斯之于球队的意义，也是他成为西班牙国家队和皇家马德里队双料队长的资本。2013/2014赛季那场著名的欧冠决赛，92分48秒的那个瞬间，就是拉莫斯力挽狂澜的最极致写照。当所有人都陷入绝望的时刻，是他高高跃起，金头一闪，用那个直入死角的进球让球队起死回生。气与运，或许是足球世界最玄妙的东西，就是在那一刻，拉莫斯仿佛用他的超能力将乾坤扭转。

　　92分48秒从此成为了每个皇马人心中永远的精神图腾，日后尽管C罗和贝尔两大巨星曾经奉献过神钩天降的绝世好戏，但是，这个92分48秒的绝平进球却是皇马球迷心中过往十年的最佳进球。因为，它是一切辉

▲ 2013/2014赛季欧冠决赛,拉莫斯第92分48秒头球建功,将皇家马德里从悬崖边上拉了回来,为球队在加时赛翻盘争取了机会。

◀ 2017/2018赛季欧冠决赛,皇马3比1击败利物浦实现欧冠三连冠,拉莫斯这3次都是以队长身份举起的冠军奖杯。

▼ 92分48秒已经成为每个皇马人心中永远的精神图腾,它是银河战舰开启新欧冠王朝的起点。

拉莫斯　皇家护卫

> 2005年12月11日，拉莫斯在同马拉加队的西甲联赛中为皇马先拔头筹。在职业生涯的初期，踢后卫的拉莫斯便已经表现出了自己超强的进攻属性。

煌的起点，因为，如果没有这一刻，就没有十全十美的欧冠神话，或许也就没有日后十三冠的王朝巅峰。

有人说，比赛时间过了90分钟之后，转播镜头应该牢牢锁定拉莫斯，因为下一秒这个男人可能就会进球。在国家德比的舞台，在欧冠的舞台，在欧洲超级杯的舞台，我们都看到过拉莫斯如此的神操作。一个永远拯救球队于水火的英雄，一个永远燃烧着战斗火焰的勇士，就是队长拉莫斯的最完美诠释。

爱拉莫斯，因为他攻防俱佳，在全世界各大媒体评选过往十年最佳阵容时，拉莫斯几乎都是那个最没有悬念的中卫人选。在防守上，拉莫斯是典型的拼命三郎，身体素质爆表，防守技术精湛，争顶水准一流，选位意识巧妙，无论是在斗牛士军团还是银河战舰，右后卫出身的他早已完美进化为了中卫教科书。

拉莫斯能够位列世界最佳中卫之一的另一个特质是他的进攻属性，"水爷"绝对是当世足坛威名远扬的带刀侍卫。迄今为止，拉莫斯职业生涯的总进球数已经超过百球，这在后卫的行列里实属罕见。难怪江湖上有云，拉莫斯实乃假后卫，真前锋。2015/2016赛季的欧冠决赛，又是马德里德比，又是拉莫斯为银河战舰打入关键进球。当球队最需要英雄的时刻，他总会披上超人的斗篷挺身而出，在球队打不开局面的情况下，他总能成为那把冲锋陷阵的尖刀，直刺对手心脏。第一带刀后卫，拉莫斯是也。

爱拉莫斯，因为他铁汉柔情。球迷们回忆起拉莫斯的斗牛士生涯，或许会赞叹他是代表西班牙国家队出场次数最多的球员，或许会记起他为斗牛士军团拿下大力神杯与德劳内杯时的意气风发，但在很多爱他的人的内心深处，则永远不会忘记他的一个暖心之举。2008年欧洲杯，拉莫斯主动放弃自己最爱的4号球衣，而是选择了15号，因为那是他的离世好友、前塞维利亚队友普埃尔塔曾经的球衣号码，在登上欧洲之巅的一瞬间，他希望天堂里的好友可以与他共享殊荣。拉莫斯说，普埃尔塔曾经是西班牙队的一员，所以他也永远是这个团队的一员。2年后的世界杯，4年后的欧洲杯，拉莫斯依然身穿着15号战袍，他球衣里的白色T恤上，也依然印着普埃尔塔的画像。当他一次次站在人生的顶峰，却从来没有忘却那个年少时与自己一起追梦的伙伴，这是拉莫斯的铁汉柔情。

如果以上所述是拉莫斯的全部，那么这样的拉莫斯无疑是完美的，但显然，真实世界不存在这样的完美，因为在那些憎恨者的眼光里，拉莫斯有太多不完美。爱他的人把他的防守称为凶悍，恨他的人把他的防守称为肮脏。2018年基辅的欧冠决赛，拉莫斯对萨拉赫的那次抱摔犯规让他一度被千夫所指。拉莫斯对此没有过多的辩解，倒是齐祖在赛后为爱徒打抱不平，因为在他的认知里，拉莫斯的那次犯规绝非有意伤人。

在客观上，拉莫斯确实是个名副其实的"卡牌大师"，他是欧冠赛场和西甲赛场吃到红牌最多的球员。穆里尼奥时代，拉莫斯也曾扮演过"洗牌门"的主角，这让恨他的人又找到了谴责他的实例。

△ 铁汉拉莫斯也有柔情一面，2008年欧洲杯夺冠后，他身穿印有离世挚友普埃尔塔头像的T恤衫庆祝，希望与天堂里的好友共享殊荣。拉莫斯与普埃尔塔同出自塞维利亚青训，2007年8月25日，普埃尔塔在西甲赛场突发心脏病，3天后不幸离世。

▽ 2010年7月11日，西班牙队首夺世界杯冠军，拉莫斯同伊涅斯塔和哈维·阿隆索在更衣室内手捧大力神杯合照。

关于拉莫斯的争论，或许会一直伴随他的整个足球生涯，但拉莫斯不会因为这些质疑声而止步不前，这些质疑声也不会因为拉莫斯的高光表现而销声匿迹。如果没有经历过质疑的洗礼，很可能也就没有今天的拉莫斯，质疑的声浪越汹涌，也许被激发的拉莫斯就越澎湃。这个争论，这种对立，就让它真实地存在吧。

他是爱他的人心中的天使，他是恨他的人心中的恶魔，他是那个对手想要拔掉的眼中钉，他是那个队友可以倚仗的守护神。塞尔吉奥·拉莫斯，他如此复杂，却又如此纯粹。他的复杂让他的拥趸和敌人永远喋喋不休，但这样的喧嚣从来不会打扰拉莫斯内心的安宁，因为他纯粹地忠于自己的内心，忠于自己的足球，更忠于自己的信仰，所以他是那个天生赢家，所以他是那个天才领袖。

爱与恨，终会在一天随风而散，但风吹不散的，是那个拉莫斯留下的足球时代，它华美而璀璨，而且依然在远方的召唤下遥望未来。

◁ 拉莫斯在欧冠决赛中拽倒萨拉赫导致对方受伤离场，这一幕让他一度被千夫所指，甚至被冠以防守肮脏之名。

新锐门将
诺伊尔

曼努埃尔·诺伊尔
Manuel Neuer

国籍：德国
出生地：盖尔森基兴，联邦德国
出生日期：1986年3月27日
位置：门将
俱乐部：沙尔克04，拜仁慕尼黑
俱乐部出场次数：596场
国家队出场次数：93场

诺伊尔 新锐门卫 Manuel Neuer

总有一首歌，能让你想起他

>>>

歌名：That's My Goal
歌手：Shayne Ward

"巴西国土面积有一半以上被雨林覆盖，剩下的面积则被诺伊尔覆盖。"这是 2014 年世界杯时球迷对德国门将诺伊尔的调侃。也有人叫他"新清道夫"，除了自扫门前雪，他把兼职后卫的工作做得妥妥当当。

与阿尔及利亚的那场 1/8 决赛，诺伊尔的跑动距离达到了 5500 米，在禁区外的触球多达 19 次，这完全不像一名门将该有的数据。与巴西队的半决赛，诺伊尔半场触球就达到了 18 次，比对手前锋弗雷德还多一次。在最后的决赛中，诺伊尔再次飞奔出禁区，硬是抢在伊瓜因之前化解了险情。

在巴西，诺伊尔踢的每一场比赛都是他的封神之战。

在瓜迪奥拉的战术体系中，诺伊尔的防守区域早就被扩大到了禁区外。在勒夫的战略眼光下，小新的能力完全可以分饰两角。两位名帅的同一手笔全都是建立在诺伊尔的个人意愿之上，因为早在为沙尔克 04 效力时期，他就喜欢上了这种疯狂冒险。

斯坦科维奇在欧冠赛场贡献的 27 秒闪电进球的佳作，正是源于诺伊尔冲出禁区头球解围导致的失误。但是，这次失误没有让诺伊尔背上包袱，恰恰相反，他此后数次做出精彩扑救，沙尔克从门将位置拉开了反击序幕。这场欧冠 1/4 决赛被铭记的不只是闪电进球，还有沙尔克演绎的对国际米兰 5 比 2 的超级逆转。

因为从小受另一位沙尔克门将莱曼影响，诺伊尔大胆而无畏，也因为小时候踢前锋出身，他从来没有停止过磨练脚下技术。21 岁时，诺伊尔就在欧冠赛场一战成名。2007/2008 赛季欧冠 1/8 决赛面对波尔图，诺伊尔先是在加时赛中封出了夸雷斯马的单刀球，又在点球大战中扑出两记点球，将沙尔克 04 送进了八强，创造了他们参加欧冠以来的最好成绩。

诺伊尔总能抓住职业生涯中的每一个重要节点。2010 年世界杯前，

诺伊尔　新锐门卫

德国队原主力门将阿德勒意外受伤，诺伊尔晋升为头号国门，从此，1号球衣在他身上一穿就是10年。第一次登上世界杯赛场的诺伊尔表现稳健，还在同英格兰队的1/8决赛中送出惊喜，他大脚开球门球直接助攻克洛泽完成破门。日后的德甲赛场，诺伊尔又多次以长距离手抛球策动进攻，他最爱寻找的目标就是拜仁国王里贝里。

为了加盟拜仁慕尼黑，诺伊尔引发了德甲转会市场最大的风波之一。他遭到了一名极端沙尔克球迷的当众掌掴，也曾在数年内忍受矿工球迷的嘘声。还是拜仁主席赫内斯在日后替他证明，拜仁完全可以晚一年签下与沙尔克合同到期的诺伊尔，这样可以省下转会费而许诺给他更高的年薪，但诺伊尔还是希望这笔转会费能交到培养了自己的沙尔克04手中。

加盟拜仁的第一个赛季，诺伊尔就在德国杯和欧冠赛场接连经受了三场点球大战的洗礼。他赢下了两场。是诺伊尔将穆里尼奥的跪地祈祷化为无形，接连扑出C罗和卡卡的点球已经足以摧毁皇马的斗志。此时的拜仁球迷该有多庆幸，他们没有再等一年才得到这位德国最佳门将。

◀ 一张图看懂"门卫"诺伊尔——2016年欧洲杯1/8决赛，德国对阵斯洛伐克，诺伊尔一度前压到了球场中线。

2012/2013 赛季，拜仁连续第二年闯入欧冠决赛，这一次，他们没有再让冠军从手边溜走。比赛结束后，诺伊尔收藏了温布利大球场的一块球网留作纪念。

只是，那场在家门口进行的欧冠决赛没有成为拜仁新门将再创奇迹的角斗场。他勇敢地亲赴点球点，像一名前锋一样罚球命中，但离开时的姿态却不是一名胜利者。在拜仁慕尼黑，没有人会因为亚军而满足，仅仅一年之后，从拜仁手中夺走的冠军，诺伊尔和队友们又亲手夺了回来。

在德甲豪门的百年历史中，只有真正触及象征欧洲之王的欧冠奖杯，才有资格封神加冕。门神迈尔于 20 世纪 70 年代护佑拜仁欧冠称王，整整 25 年后，狮王卡恩才完成几代人的夙愿，率队再次登上欧洲巅峰，又一个 12 年后，诺伊尔终于承载门神衣钵。

那一年，拜仁实现了队史第一个赛季五冠王，其中包括在欧洲超级杯上对切尔西的完美复仇。那场比赛不只有瓜迪奥拉和穆里尼奥的江湖重逢，还有红牌、绝杀、点球大战等众多元素的烘托，剧终部分的最高潮更是由诺伊尔亲自书写。最后一罚和最后一扑，卢卡库和诺伊尔就在刹那间定夺了历史。

诺伊尔　新锐门卫　　　　　　　　　　　　　　　　　　　　Manuel Neuer　| 177

∧ 2014 年世界杯 1/8 决赛，德国队 2 比 1 战胜阿尔及利亚，诺伊尔在比赛中多次冲出禁区防守，担当起了后卫的职责。

∨ 诺伊尔帮助德国队第四次加冕世界杯冠军，他个人也毫无争议地当选这届杯赛的最佳门将。

∧ 2019/2020 赛季欧冠决赛，诺伊尔发挥神勇，面对巴黎圣日耳曼队姆巴佩、内马尔等人的轮番轰炸，他高接抵挡，成为对手无法逾越的"叹息之墙"。

∨ 诺伊尔作为队长高举起欧冠奖杯，这是拜仁慕尼黑俱乐部历史上的第六座欧冠奖杯，也是诺伊尔个人第二次登上欧洲之巅。

尽管五冠功成，但是诺伊尔并不满足，除了传承，他还用"门卫"重新定义了门将的职责。诺伊尔毫无争议地赢得了 2014 年所有最佳门将的评选。虽然以门将之身，他还无法打破梅西和 C 罗对金球奖的垄断，但于德国足球的历史进程而言，一位伟大门将的横空出世必能带领国家队攀上巅峰，诺伊尔比卡恩更幸运，他的身边还有号称德国最强一代的队友们。

2016 年欧洲杯后，诺伊尔接过了施魏因施泰格留下的国家队队长袖标。一年后，他又接班拉姆，成为了拜仁慕尼黑的队长，鲁梅尼格将之描绘为"我们的 1 号成为了我们的 1 号"。

德国球迷无法做出假设，如果这位双料队长没有连续被脚伤击退，致使近一年时间无缘赛场，德国足球的巅峰是否能留存得更长久一些。2018 年世界杯上，勒夫坚定地把 1 号留给了诺伊尔，德国队长也确实是球队表现最好的球员之一，但是哪怕他又一次冲出禁区，一直跑到了韩国队的禁区内去争顶角球，他依然无法帮助德国队从小组中出线。

但有一点是肯定的，如果没有伤病，诺伊尔一定还是世界上最好的门将。连续 3 次趾骨骨折严重影响了他的状态，在国家队，他受到了特尔施特根强有力的挑战。在俱乐部，拜仁慕尼黑已经找寻到了他的接班人尼贝尔，这个同样从沙尔克走出的年轻门将比诺伊尔小了整整 10 岁，正承载着很多人的期望，一如 10 年前的诺伊尔。

但是，34 岁的诺伊尔还不想向现实低头。他无法保证自己可以像布冯一样踢到 40 岁，但回归赛场的他已经找到了昔日状态。新冠肺炎疫情导致联赛停摆期间，诺伊尔一天都没有停止训练，他与拜仁慕尼黑的合同续签到了 2023 年，将自己的职业生命至少延续到 37 岁。复赛之后，诺伊尔和拜仁开启了冠军收割模式，德甲、德国杯、欧冠、欧洲超级杯和德国超级杯五座冠军奖杯接踵而至，而在这几项赛事中，诺伊尔都有统治级表现，成为对手无法逾越的"叹息之墙"。

他需要时间，去追回被伤病耽搁的两年，寻回那个在巴西世界杯上可以覆盖一切区域的理想自己。他的确拥有了众多冠军头衔，但以双料队长的身份，他还有太多抱负没有达成。

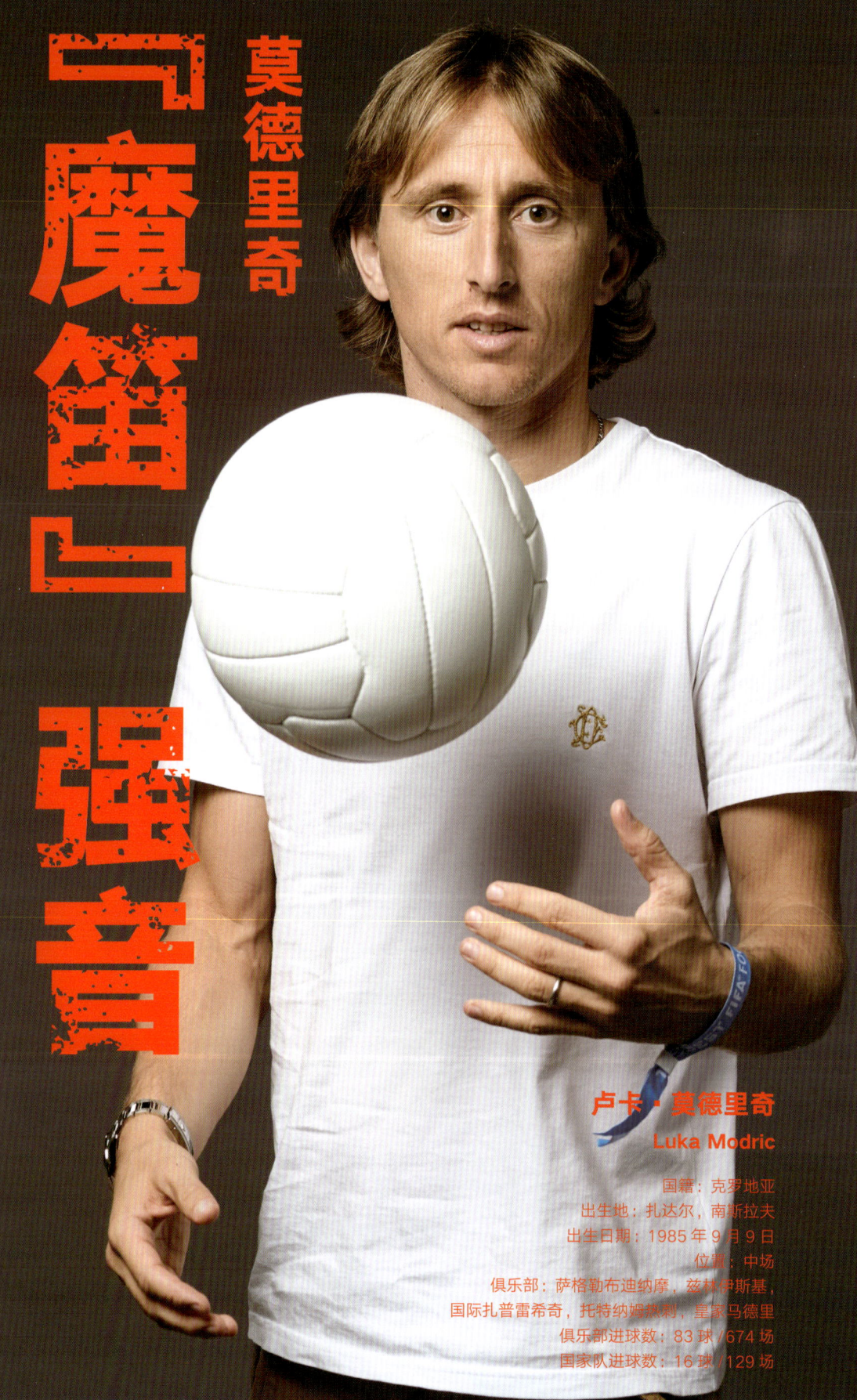

总有一首歌，能让你想起他

\>\>\>

歌名：All the Right Moves
歌手：OneRepublic

荣耀，可以开创一个时代；荣耀，亦可以结束一个时代。2018年底，当33岁的卢卡·莫德里奇手捧金球奖杯，他已经包揽了这一年中最重要的三项个人大奖：金球奖、世界足球先生和世界杯金球奖。这非凡的荣耀，不仅结束了梅西和C罗对金球奖长达十年的垄断，也给绝代双骄统治的时代按下了暂停键。

自2008年以来，谁能打破梅罗垄断始终是一道世界性的难题。比梅罗年长的斯内德、里贝里一代曾经无限接近荣耀，却遗憾错过；比梅罗年轻的内马尔、格里兹曼一代被寄予厚望，却稍欠火候。最终，是一个和C罗梅西年龄相仿、同处一个时代的竞争者脱颖而出——莫德里奇依靠2018年这个神奇的年份走上巅峰，终成大器。

在世界足球先生的颁奖典礼上，莫德里奇颇有些动情地说："在这个特殊的时刻，我要提到我的偶像——1998年世界杯克罗地亚队队长博班。他们首次参加世界杯就获得了第三名，是那支球队给了我信心，让我相信勤奋和信念能让所有的梦想实现。"此时，坐在台下的博班已是泪流满面，这跨越了20年的两代传奇，将克罗地亚足球的荣光紧密地连接在一起。

莫德里奇出生于南斯拉夫的扎达尔，他5岁时在家乡贫瘠的山区放羊的影像在网络上流传，那代表着他艰难的幼年时光。在战火纷飞的岁月中，莫德里奇一家颠沛流离，他们甚至在难民酒店中度过了很多年。

那些日子里，热爱足球的莫德里奇却始终保持着乐观的态度，他坚信有些梦想可以改变命运。足球，恰恰是幼年莫德里奇最大的梦想。在他12岁那年，世界杯新军克罗地亚创造历史，那支球队当中，除队长博班之外，普罗辛内斯基和苏克也都是享誉世界的巨星，他们这黄金一代的成长轨迹也都相似，那就是在国内豪门萨格勒布迪纳摩队成名继而走向世界。

莫德里奇的足球生涯也追寻了前辈们的足迹，他正是在萨格勒布迪纳

▲ 莫德里奇获得 2018 年金球奖，结束了梅西和 C 罗对该奖项长达十年的垄断，也给绝代双骄统治的时代按下了暂停键。

摩队出道，并在那里崭露头角，帮助球队实现了联赛三连冠，在 23 岁的年纪，他便已两次荣膺克罗地亚足球先生。

2008 年欧洲杯后，莫德里奇首次登陆五大联赛，穿上了托特纳姆热刺队的 14 号战袍。从此，这个号码成为了莫德里奇成名早期在俱乐部和国家队的常规号码。莫德里奇后来回忆说，自己当年选择 14 号是为了向克鲁伊夫致敬。的确，莫德里奇和年轻时的克鲁伊夫长相酷似，身高、体型、踢球风格都如出一辙，14 号正是克鲁伊夫享誉世界的号码。

莫德里奇在热刺度过了 4 年时光，那是他没有冠军荣誉却飞速成长的 4 年。在白鹿巷，在大赛中，莫德里奇凭借自己稳定的发挥迅速跻身世界一流中场的行列。中国球迷根据莫德里奇名字的谐音，再加上他场上潇洒飘逸的球风，为他起了个恰如其分的绰号——魔笛，这个优美响亮且意味深长的绰号伴随他至今。

当魔笛在 2012 年夏天登临伯纳乌时，他被寄予了厚望。然而，在穆

△ 2009年3月21日，在托特纳姆热刺同切尔西队的伦敦德比战中，莫德里奇攻入全场唯一进球。

里尼奥帐下的莫德里奇并未迅速融入，他甚至被西班牙媒体认为是皇马史上最糟糕的签约之一。也许，这是每一个深入豪门的球员必经的一步。

莫德里奇真正的腾飞始于安切洛蒂时代，他和球队一起走向巅峰。人们不会忘记皇马在2014年欧冠决赛中的奇迹，拉莫斯92分48秒的头球拯救球队于危难之际，但不是所有人都会记得，那记恰到好处的角球助攻正是来自于莫德里奇。在皇马，习惯隐藏在巨星光环背后的莫德里奇就是如此，凭借低调却高效的发挥实现着自己和球队的一个个梦想。在完成十全十美的欧冠经历后，银河战舰继续展现出自己在欧洲的统治地位。两年后，他们创纪录地成为欧冠改制后的第一个卫冕冠军，又在2018年实现了不可思议的三连冠，这是一个难以复制的荣耀，在欧洲足坛风起云涌的时代更显难能可贵。

2018年盛夏，就在随皇马拿下欧冠三连冠后一个月，莫德里奇领军的克罗地亚队在俄罗斯世界杯奉献了无与伦比的表演。这是他第六次征战世

∧ 2013年3月16日,皇马主场5比2大胜马洛卡,莫德里奇打进本队第3球。

∨ 2017年6月3日,莫德里奇在加的夫千年球场获得了自己的第三座欧冠奖杯。颁奖仪式后,他同拉莫斯和贝尔玩起了自拍。

▲ 2018年世界杯小组赛,克罗地亚队3比0完胜阿根廷,莫德里奇攻入一脚精彩的世界波。

界大赛,却是第一次以队长的身份,在老队长斯尔纳退役后,魔笛撑起了格子军团新的大旗。32岁的他坚毅地走在队伍的最前方,带领球队重新奏响20年前的克罗地亚狂想曲。

前两场比赛,莫德里奇就打进两球,两场比赛都成为了最佳球员,其中对阵阿根廷的那记世界波干脆利落,用一场3比0给了小组最强劲对手沉重一击。进入淘汰赛,克罗地亚队展示出的是实力和勇气的并存。他们连续两场淘汰赛进入点球大战,连续三场淘汰赛进入加时赛,连续三场淘汰赛完成逆转,他们以几乎多打一场比赛的体力消耗奇迹般杀入决赛。在通往决赛的道路上,莫德里奇的总跑动距离达到了62.6公里,是世界杯所有参赛球员中跑动距离最长的,这对一名32岁的老将来说殊为不易,"中场永动机"就是对他最准确的称谓。

世界杯两球一助攻,仅看数据层面显然不能涵盖莫德里奇的全部贡献。在这支队伍中,他是领袖,要时刻展现出队长的担当。1/8决赛对阵丹麦,尽管他在第116分钟射失点球,但是,这份责任推动他十几分钟后再次走上点球点并稳稳罚进,帮助格子军团涉险过关。1/4决赛面对东道主,尽管时间已过106分钟,但是,这份责任驱使他依然通过跨越全场的奔跑夺回球权。拿到角球后,他利用短暂间歇靠在广告板上舒缓气力,接着又马上投入最后阶段更残酷的拼杀。

这就是魔笛,他穿着偶像博班的10号球衣,完成了超越偶像的功绩。克罗地亚队最终以世界杯亚军的成绩创造了队史最佳战绩,20年前黄金一代的余晖仍在闪耀,但克罗地亚新的黄金一代已经超越历史。莫德里奇以毫无争议的表现荣膺世界杯金球奖,再加上为皇马实现欧冠三连冠的杰出表现,他最终将世界足球先生和金球奖揽于一身,冲破绝代双骄的垄断,奏响最强音。正如他自己所言,勤奋和信念会让你实现梦想。

当然,这绝不是莫德里奇最后的呐喊,克罗地亚的冠军追求仍未实现,他也仍在世界足球的领空中仰望星河。克罗地亚国歌中这样唱道:"当阳光亲吻他的沃土,当狂风吹刮他的橡树,当天堂召走他的所爱,他的心,却仍为克罗地亚打着节拍。"35岁的魔笛正希望用自己职业生涯临近尾声的节拍,演奏出更激情的乐章,在世界的舞台上为克罗地亚再次骄傲地奏响。

> 在卢日尼基球场的大雨当中,莫德里奇领衔的格子军团没能最终夺冠,但是他们已经创造了历史,实现了对20年前黄金一代的超越。

总有一首歌，能让你想起他

>>>

歌名：Coming Home
歌手：Skylar Grey & The Paragon Axis

对很多德国球迷来说，2016 年夏天就像青春的句号。欧洲杯后，施魏因施泰格和波多尔斯基相继宣布从国家队退役，陪伴德国足球从低谷迈到高峰的一代球员全部退出历史舞台。往事像潮水涌动，开始汹涌，继而平缓，在很长一段时间内流淌不息。

施魏因施泰格在自己的国家队告别仪式上哭得泣不成声。波多尔斯基写给小猪的告别信仿佛也是写给自己的："是的，我们老了，但心中依旧潜伏着调皮捣蛋的本性，如同我们认识的第一天。小猪和波尔蒂，这么特别的故事，可惜将在德国足坛一去不返……"

5 个月后，波尔蒂也迎来了自己的告别赛。他眼眶湿润，但终究没有让泪水流下来。在这场与英格兰队的友谊赛中，波多尔斯基用他的黄金左脚轰出世界波，把自己国家队的总进球数定格在了 49 粒。他想踢满 90 分钟，但勒夫坚持将他提前换下，享受德国球迷的掌声送别。

走下球场的一刻，他唤醒了无数人对往事的追忆。

2004 年欧洲杯前，正在参加欧青赛的波多尔斯基被德国主帅沃勒尔紧急招入国家队。他是德甲历史上唯一一位在 19 岁生日前就已打入 10 球的球员，也是 29 年来第一位入选国家队的德乙球员。科隆队因常年在德甲德乙间徘徊而被称作"升降机"，这反而更凸显了波尔蒂高效的射手本色。德国足球的最低谷中，他与拉姆、施魏因施泰格是意志战车仅有的希望。

只过两年时间，这几张年轻的面孔就在 2006 年世界杯上绽放出最灿烂的笑容。拉姆在揭幕战中为德国队首开纪录，从此定义了独有的拉姆区域；施魏因施泰格在三四名决赛中替"狮王"卡恩捍卫了荣誉；三人中年纪最小的波多尔斯基上演 12 分钟连入两球的好戏，帮助德国队淘汰瑞典晋级八强，他共打入 3 球当选那届世界杯最佳新人。

∧ 2003 年 12 月 16 日,波多尔斯基在科隆 3 比 0 击败柏林赫塔的德甲比赛中攻入一球。那个赛季,科隆最终不幸降级,不过,波多尔斯基个人表现出色,入选了德国队 2004 年欧洲杯阵容。

∨ 2006 年世界杯 1/8 决赛,波多尔斯基开场第 4 和第 12 分钟连下两城,帮助德国队 2 比 0 淘汰瑞典队晋级。

在德国足协官方拍摄的 2006 年世界杯纪录片《德国：一个夏天的童话》中，拉姆沉稳安静，小猪和波尔蒂却如 10 年后他们自己回述的那样，时刻流露出"调皮捣蛋的本性"：小猪会偷偷把摄像师领进波尔蒂的房间，在外国记者面前调侃波尔蒂最爱接受女记者的采访。在青春本该有的样子里，他们带给了球迷无尽的快乐。也许这就是人们会分外感叹时光的原因，因为青春里的烦恼在日后那么不值一提，青春里的快乐却可以永远留存。

年轻的波尔蒂也不总是一副轻松调皮的模样。2008 年欧洲杯，德国队小组首战 2 比 0 击败波兰队，导演胜局的恰是两名波兰裔球员。克洛泽两次送出精准助攻，波多尔斯基两次穿插进禁区破门。一贯爱笑的波尔蒂这个时刻却收敛起笑容，双目紧闭，以对他的祖国波兰表示尊重。

波多尔斯基两岁随父母移民德国，作为少年天才，他本有机会代表波兰出战，却遭到了时任波兰主帅亚纳斯的轻视。待到波兰足协醒悟时，波多尔斯基已经穿上了德国战袍。所以对波多尔斯基而言，为谁效力并不是他的选择，而是命运为他做出的安排。

他真正遵从内心的选择只有科隆。2009 年，当波多尔斯基决定离开拜仁时，他只想到了回家。时至今日，波多尔斯基仍是科隆城最著名的球星。科隆球迷永远感念，他们的王子在正值当打之年时拒绝了多家俱乐部的邀请，甘心为家乡球队的保级而战。大多数人并不看好波多尔斯基的回归前景，然而，正是这次媒体口中令其"职业生涯倒退"的回归，成了他最想珍藏的一段岁月。

似乎是冥冥中的安排，让波多尔斯基打破回归后进球荒的球队正是拜仁，他的一脚大力任意球直接攻破了布特的十指关。无比巧合的是，为拜仁扳平比分的人恰好是他的好友施魏因施泰格。

在施魏因施泰格为德甲冠军征战的岁月里，波多尔斯基正在为科隆队的保级苦苦鏖战。即使是在韧带撕裂的 2010/2011 赛季，波尔蒂依然打入 13 球，帮助科隆队远离了降级圈。随后一个赛季，波尔蒂表现更加突出，他单枪匹马贡献了 18 粒进球，居德甲射手榜第 4 位。然而，他却没

▲ 2008 年 3 月 22 日,在拜仁主场 2 比 1 击败勒沃库森之后,波多尔斯基同施魏因施泰格和卢卡·托尼等队友一起向球迷致谢。

能带领科隆队摆脱降级厄运,对战拜仁时那场 1 比 4 惨败彻底把科隆队打入尘埃。

　　这是波多尔斯基与科隆队一起经历的第 3 次降级,"升降机"的命运并没有被时间改写,但是,已经 27 岁的科隆王子却没有第二个青春去陪伴它了,他还要为自己的国家队生命而战。沃勒尔当年可以无视科隆队的降级,提拔只有 19 岁的波尔蒂,勒夫却不可能无视德国队的未来发展,将一个已经 27 岁的德乙球员留在国家队。事实上,从刚回科隆的 2009 年到离开时的 2012 年,波多尔斯基在德国队的主力位置已经产生了动摇。

　　德国足球大力开展的青少年培育计划在 2010 年开花结果,国家队再不是老迈的战车,青春风暴才是他们南非世界杯时展现给世界的面貌。对阵英格兰和阿根廷连续两场比赛打入 4 球,足以让人看到日耳曼战车的恐怖实力。波尔多斯基打入英格兰队的进球尽管精彩,但他也第一次缺席了

△ 2012 年 5 月 5 日，德甲最后一轮，科隆主场迎战拜仁慕尼黑，这是波多尔斯基在科隆的告别战，俱乐部为波尔蒂王子举行了简短的告别仪式。不过，科隆 1 比 4 告负降级，比赛也因为极端球迷闹事而于第 89 分钟提前结束。

一场世界杯的比赛，在三四名决赛中，他不得不为更年轻的球员让位。

两年后的欧洲杯，波尔蒂的比赛时间被压缩成了 4 场。到了德国黄金一代登峰造极的 2014 年，波多尔斯基已经完全沦为替补，只在两场小组赛中得到了替补登场的机会，上场时间加起来只有 53 分钟。

他陪伴德国足球走完了最低谷，距离中央舞台却越来越远。在马拉卡纳烟花升腾的时候，他的笑容和烟花一起灿烂着，他与小猪的深情一吻如同历史的见证，深刻在每个球迷的记忆中。

波多尔斯基至今仍保留着德国队的最快进球纪录，他也是德国历史上最年轻的国家队百场先生，完成百场纪录时，他只有 27 岁零 13 天。但是，这个美好的纪录也同时显现了他高开低走的职业生涯，无论在国家队还是俱乐部，他的职业辉煌期都没能延续更长时间。

波多尔斯基与阿森纳的蜜月期只有短短的两个半赛季。在加拉塔萨

△ 2014年巴西世界杯，波多尔斯基随德国队夺得冠军，他与小猪的深情庆祝如同历史的见证，深刻在每个球迷的记忆中。

雷，他曾短暂找回过进球的快感，但土耳其混乱的治安成为了他向更远方漂泊的理由。2020年1月，波多尔斯基帮助神户胜利船拿到了日本天皇杯冠军，这是继在拜仁、阿森纳和加拉塔萨雷后，他赢得的第4个杯赛冠军。然后，他又开始了漂泊，重返土耳其加盟了正在保级的安塔利亚体育队。属于波尔蒂的风华正一点点褪去，令人越来越猝不及防。

他最好的时光仿佛都随着他的青春留在了德国国家队，留在了科隆。从家乡离开后，每当他传出转会新闻或者每当科隆队陷入困境，人们都会猜测波多尔斯基是不是要回家了。即使到了2019/2020赛季，科隆球迷仍会在看台上齐声高呼波多尔斯基的名字，仿佛他正在这块球场上踢球。科隆队仍然没有改变"升降机"的命运，之后也再没有第二个科隆王子能取代波尔蒂在球迷心中的地位。在科隆，很多事情似乎都没有改变，包括对波多尔斯基的爱，包括对他的等待。

波多尔斯基　科隆王子

▲ 2013/2014 赛季足总杯决赛，阿森纳在 0 比 2 落后的情况下 3 比 2 逆转赫尔城，结束了 9 年无冠的尴尬历史。夺冠之后，波多尔斯基同枪手球迷来了个大合影。

总有一首歌，能让你想起他

＞＞＞

歌名：Sign of the Times
歌手：Harry Styles

在和告别有关的足球故事里，一座城和一个人的情缘一定是最动人的章节。2019年5月26日的罗马奥林匹克球场，再次上演了一人一城的动人故事。这盛大的场面，正如两年前他们告别"狼王"托蒂的时刻。如果说托蒂是永恒之城永远的狼图腾，那么，两年后的这一天，他身边最忠诚的骑士也面临着相似的告别。

看台上猩红色的旗帜飘扬，经久不息的掌声响彻球场，更有罗马球迷无尽的泪水流淌。球场中央一面高高升起的巨幅肖像，描绘着罗马队长昔日的荣光。36岁的德罗西缓缓走向场地中央，在那里，罗马队全体球员都身披16号战袍，向他们的队长致以最伟大的敬意。

在这令人动容的场面中，当然也有来自托蒂的掌声。罗马王子手举16号的纪念奖杯，亲手交到德罗西的手中，德罗西则与托蒂紧紧拥抱在一起，带着泪水，不舍思念。两代罗马之王，在先后上演过一人一城的传奇故事后，终与这支球队——告别。

最后时刻，德罗西双膝跪地，对着曾发出千万次呐喊的红狼看台献上深深一吻。他将19年的恩情与守候化作这最后一吻，留在了他深爱的地方，罗马城的骑士结束了守护城邦的使命。

德罗西是一个土生土长的罗马孩子，伴随着永恒之城悠久的历史与文化长大。在一系列文化气息中，罗马足球在世纪之交再次成为了城市的另一张名片，他们在2001年称霸意甲，奏响了这座城市中最激情的旋律。德罗西正是在那个赛季加盟的罗马，目睹了队长托蒂和队友们联袂上演的红狼神话。夺冠后的一个赛季，18岁的德罗西在卡佩罗麾下得到了第一次为罗马出战的机会，他的位置也从少年时代的前锋退居中场，从此承担起为罗马城保驾护航的重任。

19岁时，德罗西迎来了自己的第一场意甲首发，面对都灵队，他以一记精彩的远射敲开了对手大门，那也是他后来职业生涯最擅长的破门方式。虽然身居后腰位置，但儿时打前锋的经历让德罗西比很多防守型中场球员更具进球能力。

在他的罗马生涯中，还拥有一粒特殊的"进球"：2005/2006赛季罗马与墨西拿的意甲比赛中，德罗西接队友的传中高高跃起将球打进，主裁判宣布进球有效。不过，德罗西主动表示自己是手球，主裁判于是更改了判罚，进球无效。因为这样的举动，德罗西赢得了双方球迷的掌声，墨西拿球员也纷纷过来向他致意。

也是在这个赛季，德罗西拿下了意甲年度最佳新秀的奖项，后来，他也曾将意甲年度最佳本土球员的奖杯揽入怀中。虽然大多数时候，他都被认为是罗马王子托蒂身边的配角，但这个配角却始终兢兢业业，忠诚不渝。即使在漫长岁月中，他没有赢得过一座意甲冠军奖杯，只有两个意大利杯冠军和一个超级杯冠军入账，他对罗马也绝无二心。

有一段时间，球迷间流传着这样一句玩笑话："欧洲足坛四大苦——罗马队副、布冯替补、阿森纳和利物浦"。这罗马队副，指的自然就是德罗西。罗马队的红色战袍，德罗西从穿起到脱下用了19年光阴，他以616次出场的成绩成为仅次于托蒂的罗马传奇。由于托蒂的职业生涯十分漫长，德罗西正式担任罗马队长的日子只有短短两个赛季。当41岁的托蒂退役的时候，德罗西实际上也已经34岁，不知不觉就走到了职业生涯的末期。

和俱乐部生涯相比，德罗西的国家队生涯显然拥有更显赫的荣誉，他是2006年世界杯意大利队的冠军成员，大力神杯的光辉为他留下了永恒的回忆。不过，他也曾为自己的年轻气盛付出过代价。那是德罗西第一次征战世界杯，小组赛第二场，由于肘击美国队员麦克布莱德，他被直接红牌罚出场，随后又收到了停赛4场的追加处罚，德罗西的世界杯生涯面临着突然的终结。

好在蓝衣军团众志成城，一直走到了最后的决赛，德罗西也终于拥有了再次在世界杯上亮相的机会。他在决赛的下半场替补登场，并在点球大战中冷静打入一球，为意大利队时隔24年重夺世界杯冠军立下功勋。

年仅22岁，德罗西就获得了大多数职业球员毕生未尽的荣誉，那是他的

- ▲ 2019 年 5 月 26 日，罗马队在最后一轮联赛中主场 2 比 1 击败帕尔马。赛后，俱乐部为德罗西举办了盛大的告别仪式，红狼队长带着最后一丝留恋告别了相守 19 年的罗马。
- ▷ 2007/2008 赛季意大利杯决赛，罗马 2 比 1 力克国际米兰蝉联冠军，德罗西和托蒂共同举杯庆祝。两人一起合作 17 年，对罗马城来说，托蒂和罗马城都代表着一种永恒。
- ▽ 2017/2018 赛季欧冠 1/4 决赛次回合，罗马主场 3 比 0 击败巴塞罗那，在首回合 1 比 4 落败的情况下，实现了超级逆转，德罗西在比赛中攻入一记点球。

荣幸，也是他的骄傲，蓝衣军团在多年的梦想追寻后终达巅峰。如今，当年的那批冠军球员早已各奔东西，在 2020 年初德罗西宣布退役后，只剩下布冯一人仍在坚守。

身披蓝衣 13 年，德罗西伴随球队登上顶峰，也曾经历黯淡岁月。2018 年世界杯预选赛附加赛第二回合，意大利队已处在被瑞典队淘汰的边缘，在球队急需进球的时刻，主教练文图拉却要换上踢中场的德罗西。德罗西因而拒绝上场，他指着身边的前锋因西涅对助理教练怒吼："为什么要派我上场？！我们需要的不是平局，而是胜利！"德罗西抗命不从的行为并未给他招来骂声，反而赢得了更多的理解与尊重。

尽管意大利队最终无缘俄罗斯世界杯，但德罗西的最后抗争还是记载了他蓝衣军团告别岁月中最具特性的瞬间，正如他整个足球生涯中一直表现的那样：血性刚毅，赤诚肝胆。当 36 岁的德罗西最终褪下蓝衣军团的战袍，他留下了 117 场的光辉足迹，在意大利国家队的历史上，这个数字仅次于三大队长布冯、卡纳瓦罗和马尔蒂尼。

那时，德罗西的罗马岁月也已接近终点，这位多年的红狼忠臣在俱乐部生涯中第一次面临远行。稍有遗憾的是，他在罗马上演了一人一城的忠诚故事，却未做到一生一队。

2019 年夏天，在经历了告别罗马的盛大场景后，德罗西和阿根廷博卡青年队签下了一年合约。在他的愿景中，自己罗马城的传奇已到终点，足球生涯却远未结束。远渡重洋的德罗西在糖果盒球场完成了职业生涯的最后漂泊，在为博卡青年出场 7 次打入 1 球后，他在 2020 年 1 月出人意料地宣布了退役决定。在他的选择中，家庭成分也占了很大比重，是时候重返家乡了，也是时候告别足球了，尽管那个时候，他依然带着对足球不舍的眷恋。

德罗西又回到了罗马，只不过不再是球员的身份。在罗马城中，王子托蒂单骑救主的故事还在一代一代球迷心中流传，而托蒂身边那个始终低调的红狼忠臣德罗西，也用高调的精神演绎着属于永恒之城的永恒回忆。也许他只是淡然看待足球生涯的高山低谷，默默地任岁月和坚守的痕迹细水流长。

▲ 2006 年世界杯，意大利小组赛首战加纳队的首发阵容。随着德罗西的退役，蓝衣军团冠军成员中只剩下布冯仍在坚守。

▽ 同法国队的决赛，在格罗索打进制胜点球后，德罗西上前同他疯狂庆祝。点球大战中，德罗西在第 3 轮中出场并稳稳罚进。

金童之憾

范德法特

拉斐尔·范德法特
Rafael van der Vaart

国籍：荷兰
出生地：海姆斯凯尔克，荷兰
出生日期：1983年2月11日
位置：中场
俱乐部：阿贾克斯，汉堡，皇家马德里，托特纳姆热刺，
　　　　皇家贝蒂斯，中日德兰，埃斯比约
俱乐部进球数：171球1636场
国家队进球数：25球/109场

总有一首歌，能让你想起他

>>>

歌名：Say Something
歌手：A Great Big World

  2019年10月，范德法特在汉堡举行了自己的告别赛，对阵双方是汉堡明星队和世界明星队，他的众多好友都赶来捧场。事实上，这是一次迟来的告别赛，范德法特一年前就已正式挂靴。告别赛上，受邀担任世界明星队教练的是荷兰老帅范加尔，他如此评价范德法特："他35岁了，但在我眼里，他就像20岁的时候一样。他可能不是世界最佳球员，但他的天赋是无与伦比的，这一点我现在依然能看得到。"

  范德法特是那种浑身游走着灵气的球员，尤其是在他年轻的时候，你一眼就能看到他满溢的天赋。2003年，《都灵体育报》创立了欧洲金童奖，首位拿到这一奖项的人正是时年20岁的范德法特，他给欧洲足坛的后来者们立了个标杆。

  彼时，范德法特已经在阿贾克斯度过了3个赛季，拿到了3个国内赛事冠军。和很多优秀的荷兰本土新秀一样，那时候的范德法特也被加上了"克鲁伊夫二世"的绰号。2003年的11月30日，荷兰国家德比，阿贾克斯主场对阵费耶诺德，范德法特攻入一记令人匪夷所思的蝎子摆尾进球，这是他职业生涯最经典的瞬间。范德法特的想象力和身体协调性让人吃惊，他的才华也随着这个进球不可阻挡地喷涌而出。当时的范德法特只有20岁，但已是阿贾克斯历史上最年轻的队长，那场比赛他梅开二度，帮助球队2比0取胜国家德比。就是这个瞬间，让范德法特走进了很多球迷的视野。

  范德法特从小就不是个乖孩子，好胜心极强，行事一贯自作主张。在阿贾克斯青训营，只有他看不惯别人的份儿，对那些看不惯他的人，他都会在球场上用球技征服他们。正因如此，范德法特才会和同样特立独行并且自视不凡的伊布拉希莫维奇互相鄙夷，阿贾克斯队内一山不容二虎的僵局在当时的荷兰足坛人尽皆知。

▲ 2003 年 11 月 30 日,在阿贾克斯同费耶诺德的荷兰国家德比中,范德法特攻入一记令人匪夷所思的蝎子摆尾进球,就此走进很多球迷的视野。

▽ 2007 年 9 月 22 日,范德法特打进全场唯一进球,帮助汉堡队主场 1 比 0 击败纽伦堡。

然而，足球世界的天才似乎总逃不过伤病的羁绊，范德法特也避免不了这样的命运。2002 年，出道不久的他便遭遇严重膝伤，左膝半月板被完全摘除，他的速度优势从此受到了毁灭性的打击，膝伤也给他后来的职业生涯埋下了一颗不定时引爆的炸弹。最直接的影响是包括 AC 米兰、曼联在内的众多豪门在考察他时，都把他的膝伤当做制约他发展的不利因素，从而在报价上犹豫再三。这可着实触碰了范德法特骄傲的灵魂，22 岁的他随即剑走偏锋，在 2005 年夏天选择转会德甲中下游球队汉堡。而且他的转会费只有区区 550 万欧元，这哪里是配得上欧洲金童的身价？在荷兰足球众多名宿眼里，范德法特当时的决定实在是意气用事，克鲁伊夫甚至直言："我实在无法理解，他去那里究竟是去干什么的？"

不过，天才的脑回路就是异于常人，直到退役，范德法特都没有后悔过自己当年的决定。在汉堡的日子是他职业生涯最开心的日子，整支球队都以他为核心，他拥有最大的战术自由度；整座城市也都视他为王子，他的表现让很多不看好他的评论家闭上了嘴。

与汉堡的第一次结缘让范德法特成为了德甲表现最出色的球员之一，也让他重新回到了欧洲顶级豪门的视野。2008 年，求贤若渴的皇家马德里将一份 1300 万欧元的报价递给了汉堡，范德法特当时觉得，自己终于赢回了早该属于自己的尊重。

但是，一年以后，范德法特才发现，他能来到马德里并不是银河战舰真的将他视作珍宝。实际的情况是，皇马前几年一直在追求米兰宠儿卡卡，但始终未能得逞，在伯纳乌球迷年复一年的声讨下，迫于压力的皇马只好先签下范德法特，作为给球迷的交代。后面的故事相信很多人都很熟悉了，皇马在一年后终于抱得才子归，卡卡空降伯纳乌，与他一起打开新银河时代的人还有天王 C 罗。

那时的范德法特不得不接受卡卡替补的角色，不过，他身边的荷兰同胞斯内德、罗本和范尼却很识时务地转会离开，这让独自坚守的他倍感孤独。再加上卡卡、C 罗等人的星光实在太过耀眼，范德法特第一次有了怀才不遇的苍凉感。他此生最不可容忍的就是自己的才华输给别人的名气，至少在他看来是这样的。所以在 2010 年，范德法特坚定地拒绝了皇马的续约合同，飞往伦敦的白鹿巷球场，成为了托特纳姆热刺的新灵魂，他也在那里迎来了自己竞技状态的巅峰期。

时任热刺主帅老雷德克纳普有这样一句名言："如果足球比赛只有一个小时，那么范德法特会是最顶级的巨星。"这句话是对范德法特的褒奖，也是对范德法特的惋惜。随着年龄的增大，膝伤不可避免地成为拖累荷兰天才继续向前的负担。不过，范德法特从未因此责怪命运的不公，他天生高傲，从不自责，对于自己经历过的每一个 90 分钟，他都欣然接受。但只有一场比赛他始终不能释怀，那是在 2010 年 7 月 11 日的约翰内斯堡，对手是西班牙队。

南非世界杯决赛的第 116 分钟，在伊涅斯塔射落金杯悬念的一瞬间，可能没有多少人会注意到，那个距离小白最近、拼尽全力封堵他射门的荷兰球员，正是戴着队长袖标的范德法特。那一瞬间，也成为了荷兰足球黄金一代这十年光华的一个缩影，他们带领荷兰队走到了触碰金杯的极致山巅，但还是无奈地成为了另一个伟大王朝的落寞背景。

2014 年，范德法特本有机会在巴西世界杯的赛场完成对西班牙的复仇，也完成自己在国家队的谢幕演出，但又是该死的伤病让他在最后时刻退出了橙衣军团出征巴西的阵容。

其实，即便伤病缠身，范德法特也从未觉得自己应该从国家队急流勇退，他本就是荷兰足球不多见的傲才，但他并未任由傲气完全支配才华，他清楚地知道自己的极限在哪里，即使身负天纵的才华也必须拾起对时间的敬畏。最终，他在 2018 年用一句"我老了"完成了对足球的告白，也在心中完结了自己的橙色使命。

再回到 2019 年 10 月的汉堡，范德法特在告别赛后和一双儿女席地而坐，跟看台上的球迷互动告别，人群之中，有球迷举着这样一条横幅，上面写着：再见，20 岁的范德法特。

- 2008年9月24日,皇马主场7比1大胜希洪竞技,范德法特职业生涯中第一次上演帽子戏法,队长劳尔则有两球进账。
- 2010年11月20日,北伦敦德比大战,热刺队在0比2落后的情况下3比2逆转阿森纳,范德法特攻入扳平进球。
- 2010年世界杯半决赛,荷兰队3比2力克乌拉圭挺进决赛,范德法特赛后同球迷共庆胜利。荷兰著名球迷橙衣将军将一个仿制大力神杯递给了范德法特,可惜荷兰队最终还是同冠军擦肩而过。

坚不可摧

切赫

彼得·切赫
Petr Cech

昵称：律师
出生地：比尔森，捷克斯洛伐克
出生日期：1982年5月20日
位置：门将
俱乐部：布尔萨尼，布拉格斯巴达，雷恩，切尔西，阿森纳
俱乐部出场次数：781场
国家队出场次数：124场

总有一首歌，能让你想起他

>>>

歌名：Goodbye
歌手：Air Supply

  关于彼得·切赫的存在，这句形容也许最为贴切：如果一个人可以在某个领域获得成功，他就有很大概率在各个领域都无往不利。

  做球员时，切赫低调沉稳，不露锋芒，于无声中交出的成绩单却光鲜亮丽，常人难及。退役后，切赫沉迷于自己的爱好，依然于无声中光彩流露，时时令人惊讶。

  2019 年，切赫与皇后乐队传奇鼓手罗杰·泰勒合作发行了慈善单曲《这就是足球》。他将自己打鼓的爱好与慈善结合，在 YouTube 上经营着自己的鼓手频道。他在 37 岁时将儿时未能实现的梦想付诸现实，与冰球俱乐部吉尔福德凤凰队签下职业合约，正式成为了英国冰球联赛的一名球员。他在自己的冰球联赛首秀中就扑出了对手两记点球，当选全场比赛最佳球员。在队友的簇拥下，他满足而心安。

  摆在切赫面前的世界好像永远生机勃勃，即使是迫于无奈的选择，也被他安放于现实，欣然接受，再重新点亮。

  放弃冰球而专心训练足球就是他第一个受制于现实的选择。切赫不忍父母为他支付昂贵的冰球装备和训练费用，在少年时代放弃了这项他最热爱的运动。在成为一名足球运动员后，切赫又因为一次严重的腿伤放弃了前锋位置，改踢门将。

  他的职业路径并不像现实呈现的那样一帆风顺。或者说，是他一次次把不顺利变成了顺利，把扭曲的轨迹生生变成了通途。

  切赫成名很早，在家乡布拉格斯巴达队效力时，19 岁的他就创造了 903 分钟的捷克联赛不失球纪录，20 岁时就成为了捷克国门。更多人熟知切赫是始于 2004 年欧洲杯，当时他刚满 22 岁，还满脸稚气，尽管身高达到了 1.96 米，但动作迅速而舒展。在小组赛中，捷克队就连克荷兰和德国队两大劲敌，最终战至四强。这是切赫首次参加大赛，就入选了当届欧洲杯最佳阵容，成为赛事最佳门将。

欧洲杯后，当切赫以 700 万英镑的身价从雷恩队转会至切尔西时，英国媒体发出感叹：斯坦福桥为彼得·切赫花的钱，竟然比他们之前为所有门将花的钱加起来还多。但是，切赫很快就让媒体各种挑剔的评判销声匿迹。在切尔西俱乐部百年华诞来临之时，切赫的献礼不只是 1025 分钟的不失球纪录和英超金手套奖，更是时隔 50 年再次拿到的顶级联赛冠军奖杯。

然而，那场比赛，那次撞击，在切赫顺遂的人生轨迹中按下了暂停键。那几日以及此后的无数次，雷丁球员亨特右膝撞击切赫头部的画面都在电视屏幕中被反复播放。在医生发布的诊断报告中，切赫的颅骨因重击凹陷，他的生命曾在死亡线上短暂挣扎。所幸，除了连续几日的失忆和此后经典的坦克兵形象，这次撞击没有给他留下更多的后遗症。

复出不久后，切赫又在一次训练中再次遭遇撞击，尽管一直戴着头盔，他的嘴唇和下巴还是在这次撞击中被足足缝了 50 针。

这是生活故意为切赫制造的波澜，它不肯让任何人徜徉现实，无拘而行。

除了身体遭遇重伤，2008 年欧洲杯，切赫在关键的第三场小组赛中出现罕见失误，土耳其在与捷克队一战中导演了神奇的逆转剧情。那一刻，切赫把头盔重重地扔到了地上。

切赫的表情总是很坚毅，让人很难从他的脸上读出心绪，所以，他究竟是如何度过的这些灰暗时光，外人无法知晓。很长时间以后，切赫只用这样一句话将它一笔带过："杀不死你的东西会让你变得更加强大。"

2009/2010 赛季足总杯决赛，切赫用一只脚神奇地挡住了博阿滕主罚的点球，德罗巴一击致命，切尔西加冕赛季双冠。切赫于沉默中夺回了英超金手套。

2011/2012 赛季欧冠决赛，伴随着慕尼黑人的隐痛，是"坦克兵"切赫孤胆救主的坚韧。第一次，他将罗本的点球拒之门外，生生把比赛拖入点球大战。第二次，他让奥利奇败兴而归，胜负的天平已然向蓝军倾斜。第三次，他让施魏因施泰格的脸久久埋入双手之中，安联竞技场于黑暗中点亮了蓝色的灯光。

> 2004/2005 赛季，切尔西队时隔 50 年再次获得英格兰顶级联赛冠军，为俱乐部百年华诞献上厚礼。整个赛季，切赫把守的球门只丢了 15 球，创造了英超单赛季最少丢球纪录并保持至今。

v 2006 年 10 月 14 日，在切尔西客场同雷丁队的联赛中，切赫头部遭到对方球员亨特的膝盖撞击，导致颅骨骨折，不得不被担架抬下场。

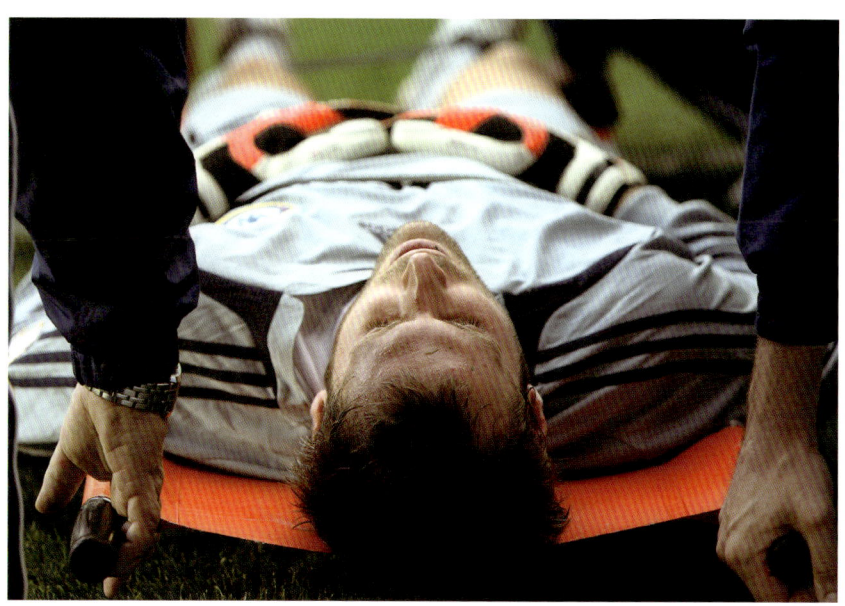

哪怕只有这一个瞬间，切赫也足以成为切尔西永远的英雄，因为这是蓝军历史上第一次触及欧冠冠军奖杯。德罗巴、兰帕德、特里、切赫，每一个铁骨铮铮的蓝军硬汉相互成就又相互依赖，共塑了最伟大的蓝军时代。日后，他们会令多少人在追忆今日时泛起微笑，陷入神往，又会让多少人因他们而重新振作，一个冠军饱含的意义有时比想象的还要丰富。

一年后，切赫又与蓝军一起将欧联杯揽入怀中，切尔西成为了历史上第一支连续获得欧冠和欧联杯的球队。

那是蓝军球迷记忆中最宝贵的珍藏。直到那些坚韧的老兵们被时光带走了青春和健康，骄傲所剩无几，这就是告别的理由，最重要的告别的理由。所有人都试图找寻他正在老去的证据，只有切赫知道自己，他仍然无所不能。

老兵留不住青春，却能留住他们仅有的骄傲。

在利益至上的足球世界里，面对切赫，切尔西放弃功利，留下一片温情。他们拱手将他"送"与同城死敌，只为成全他留守伦敦城的愿望。对于往事的记忆由圆满开始，就由祝福结束，才不负他与蓝军相守的 11 年。在掌声中加盟死敌，这是切赫独享的荣誉。

他第一次帮助新主战胜切尔西时，蓝军球迷没有怨言；他第一次为阿森纳拿下冠军奖杯——社区盾杯时，蓝军球迷只有祝福；他在 34 岁第 4 次拿下英超金手套奖时，蓝军球迷无比安慰；他创造了英超生涯共 202 次零封，名副其实成为英超历史第一时，蓝军球迷和枪手球迷一样骄傲。

他留存了他的骄傲，从步入足球殿堂的第一天，到离开绿茵场的最后一个瞬间。从 18 岁到 37 岁，他做了职业球员近 20 年，将这份职业演绎得精彩动人，波澜壮阔。

回过头，回转身，当他决定重拾梦想，去成为一名冰球运动员时，前方的路和过去的路、主动的选择和被动的选择其实并无不同。他只是更换了头盔，在这顶崭新的冰球头盔上，一边印着切尔西队徽，一边印着阿森纳队徽，他欣然上路，和 20 年前一样充满信心和骄傲。这将是属于切赫的下一个篇章。

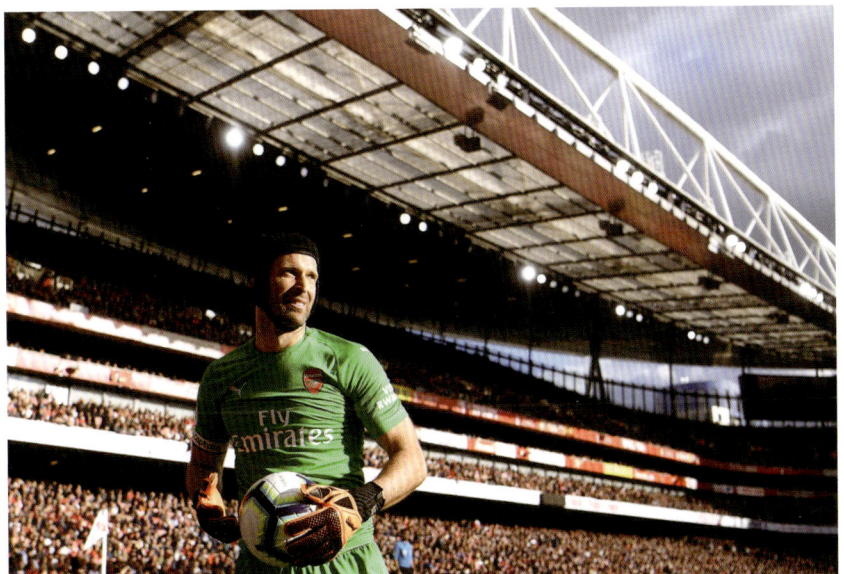

▲ 2011/2012 赛季，切尔西在安联球场力克拜仁夺得欧冠冠军，切赫无疑是蓝军夺冠的首功之臣，他在加时赛及点球大战中先后扑出了罗本、奥利奇和施魏因施泰格的点球。

▽ 2018 年 9 月 23 日，阿森纳主场 2 比 0 击败埃弗顿，切赫首发打满全场，这是他英超生涯中第 202 次零封对手，成为名副其实的英超第一人。

总有一首歌，能让你想起他

>>>

歌名：When We Stand Together
歌手：Nickelback

　　有性格的球员一定有故事，就像有人的地方就有恩怨，有恩怨就有江湖。如果让金庸先生在足球世界挑选一个人成为他笔下的主角，那这个人一定性情酷烈，敢爱敢恨，柔情中夹杂着一些狡黠，同时又不乏直来直去的江湖气。在当今的世界足坛中，穆里尼奥算一个，伊布算一个，埃托奥也算一个。

　　同前两位相比，埃托奥或许吃了些外形上的亏，但他的性格棱角同样让其职业生涯与众不同。他是历史上荣誉等级最高的非洲球员，3座欧冠圣杯让他成为了比肩同胞前辈米拉大叔的非洲顶级球星。

　　米拉大叔是埃托奥的偶像，2004/2005赛季的首回合国家德比，米拉就在诺坎普的看台上，看着身穿红蓝战袍的埃托奥潜伏在卡洛斯身后，伺机而动，迅捷如风，那一刻的埃托奥真的像一只狡猾的猎豹。

　　那场比赛，巴萨主场3比0获胜，赢得干净利落。这不是埃托奥第一次战胜皇马，但每一次战胜皇马，埃托奥都有说不出的满足感，这种满足感是从昔日被皇马扫地出门的仇恨中喷涌而出的，堵都堵不住。

　　其实，埃托奥和皇家马德里之间本可以有更好的结局，毕竟是皇马将埃托奥从贫寒的家乡带到了繁华的大都市，给了他改变命运的机会。但是，信奉金元至上的皇马主席弗洛伦蒂诺根本没把埃托奥放在他的商业版图里，3年3次出场，反反复复地被外租、下放、遭冷落，彻底抽干了埃托奥对皇马的感情。

　　他本来满怀希望地敲开了伯纳乌的大门，但没想到却被甩到了聚光灯之外的阴暗角落。所以，就算是去实力平平的马洛卡，埃托奥也会毫不犹豫地选择逃离，其实对于当时的猎豹来说，只要能让他离开皇马，去哪里都行。

　　从踏出伯纳乌的一刻开始，复仇的火焰就再也没有熄灭过，猎豹出

▲ 2005/2006 赛季欧冠决赛在法兰西大球场上演，在球队长时间 0 比 1 落后阿森纳的情况下，埃托奥第 76 分钟扳平比分。

◀ 在伯纳乌球场 2 比 0 力克拜仁慕尼黑，国际米兰荣膺 2009/2010 赛季欧冠冠军，埃托奥带着孩子们享受冠军的喜悦。

▽ 同曼联进行的 2008/2009 赛季欧冠决赛，埃托奥开场仅 10 分钟便为巴萨打开胜利之门，这是他第二次在欧冠决赛中进球。

> 2002年世界杯小组赛，喀麦隆1比0小胜沙特，埃托奥攻入全场唯一进球，这也是他个人的首粒世界杯进球。

豪门的眼里，他不过是一个难以驯服的坏小子，但在喀麦隆，人们已经像崇敬米拉那样崇敬他了，埃托奥用十几年的时间活成了偶像的样子，而他的成就却已经超越了偶像。

同俱乐部中的风光无限相比，埃托奥的国家队生涯却始终留有遗憾。他本来拥有一个完美的开始，2000年悉尼奥运会，埃托奥在对阵西班牙队的男足决赛中打进了关键进球，为喀麦隆队扳平比分，并最终为祖国拿到了历史上第一枚奥运金牌。但随后的几届世界杯，喀麦隆队一直没能改变疲软的表现，埃托奥除了在2014年世界杯前率队施压足协要求加薪之外，并没有在球场上展现出"带头大哥"的风范。

江湖众生，人皆草莽，有人追求万千宠爱，有人终其一生就是不愿被这个江湖磨去人生的棱角。所以，不喜欢埃托奥的人认为他记仇、粗鄙、浮夸，喜欢埃托奥的人则欣赏他活出了自己的态度。

他疾风般跑过了这20年的风风雨雨，争荣逐利也好，快意恩仇也罢，在茫茫的足球江湖中都只是一眼云烟而已。如果让现在的埃托奥为16岁的自己再做一次选择，他也许还会接过那张飞往马德里的机票，然后在伯纳乌留下自己的疾风猎影，成就另一段无羁猎豹的传奇故事。

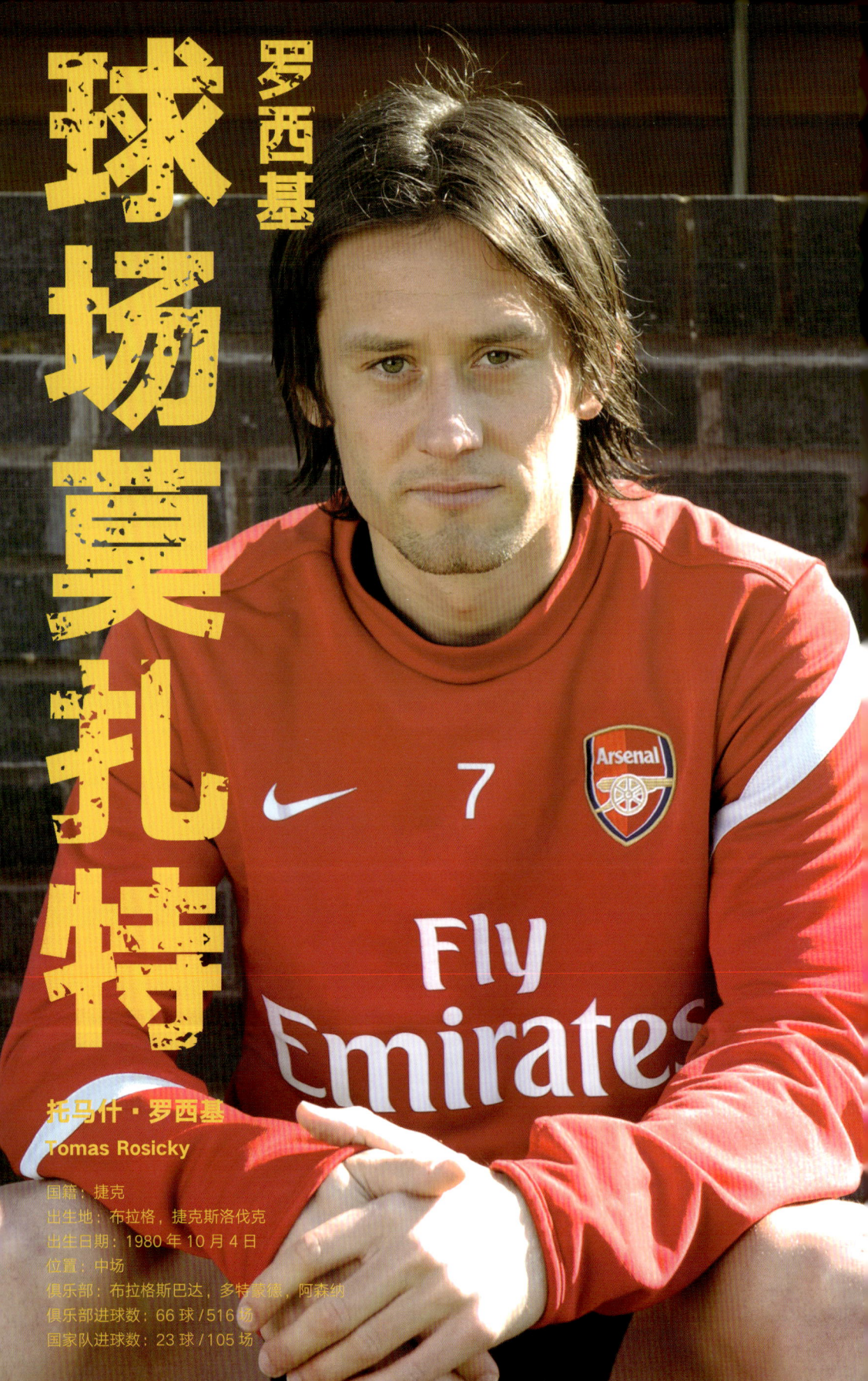

球场莫扎特

罗西基

托马什·罗西基
Tomas Rosicky

国籍：捷克
出生地：布拉格，捷克斯洛伐克
出生日期：1980年10月4日
位置：中场
俱乐部：布拉格斯巴达，多特蒙德，阿森纳
俱乐部进球数：66球/516场
国家队进球数：23球/105场

总有一首歌，能让你想起他

>>>

歌名：With or Without You
歌手：Keane

"如果你喜欢足球，你就一定会喜欢上罗西基。"教授温格对爱徒的这句描述在球迷心中深深扎下了根。或许，罗西基是被温格称赞次数最多的球员，教授还说过"罗西基是完美契合阿森纳俱乐部的球员"，"执教他是我的荣幸"……罗西基则回应道："我和阿森纳就是天生一对"，"一日枪手，终生枪手"。

罗西基究竟为何如此深入人心？

因为他优雅脱俗的笑容，因为他灵动飘逸的球风，因为他指挥若定的调度，因为他不惜体力的奔跑，因为他忘却自我的忠诚，因为他一往情深的陪伴，因为他对抗伤病的勇气……因为这一切特质在时间面前，在诱惑面前，在低谷面前，从来都没有改变过。

布拉格斯巴达球迷钟爱他，因为他顶着最佳新秀的光环从这里走向世界的舞台，又把最后的荣光归属梦想的始发地。

多特蒙德球迷想念他，因为在成为唯一一家上市的德甲俱乐部后，大黄蜂的第一笔重要引援就是罗西基。罗西基不负众望，他与阿莫鲁索、扬·科勒组成的前场三叉戟像一阵旋风掠过德意志的土地，收割回俱乐部历史上的第 6 座德甲冠军奖杯，又在欧洲联盟杯的舞台上战至决赛才停下脚步。多特蒙德俱乐部一度因决策失误陷入经济危机，只能依靠甩卖球星度日，在那段艰难的岁月里，罗西基送走了弗林斯，送走了阿莫鲁索，自己却为多特蒙德坚守到最后一刻。

罗西基在每个多特蒙德少年的心中都扎下过根，他以球技发起征服，他敏捷的身姿在绿茵场上演奏出悦动的音符，极度沉迷古典音乐的德国人才把"莫扎特"的绰号赠予心中挚爱。若干年后，又一个翩翩少年罗伊斯成为威斯特法伦的守护者，他深受罗西基的影响，优雅与忠诚如同罗西基播下的种子，在一个少年的心里成长为追求和信念。

2001/2002 赛季德甲第 2 轮，多特蒙德客场 2 比 0 击败柏林赫塔取得开局两连胜，为赛季最终夺冠开了个好头。罗西基与扬·科勒、阿莫鲁索组成前场三叉戟，在德意志的土地上刮起黄色风暴。

当罗西基抵达伦敦城之时，正值酋长球场的启动元年，这是一个时代的开启，但也是阿森纳俱乐部因为金钱掣肘而被迫妥协的开始。罗西基个人的妥协却要来得更快些，他放弃了属于他的罗西基区域——那片可以任由他传球、突破或射门的广阔地带，甘心做起了一名边前卫。

在最好的时候，罗西基与赫莱布分居两边，法布雷加斯和弗拉米坐镇中间，枪手一度创造了 10 连胜的佳绩，高居积分榜第一。何为罗西基的绝代风华？大概就是这一时期，他曾回追 C 罗完成长达 60 米的不懈防守，也曾用重炮轰门及个人突破连续敲开利物浦的大门，他带给了枪手球迷强烈的震撼。

但是谁也没有想到，足总杯赛场的那次受伤可以一下子夺走他 18 个月的时光。正是在这段百无聊赖的时间里，罗西基苦练自己的吉他技艺，日后当他一边与人谈论古典乐又一边畅聊流行音乐时，迷幻的个人魅力又一次征服了伦敦城。

不只是温格欣赏他，他甚至是所有主教练都渴望得到的球员。当教练把他安排在替补席上时，他毫无怨言；当法布雷加斯受伤休战，他寻回自己的最佳位置时，他踢得兢兢业业；当小法伤愈复出，他又心甘情愿地回归了边路。为寻求冠军而离开阿森纳的球员名单中，从来没有罗西基的名字，他固守着内心对忠诚的定义，相守就要一生。

即便是在做替补的日子里，罗西基也以极富激情的表现为枪手球迷带去希望和信心。为了得到球权，他不畏受伤，在滑铲时搓破了球衣；面对曼联，他在前场就展开逼抢，生生从维迪奇脚下断得皮球，然后助攻范佩西完成破门；在血脉偾张的北伦敦德比赛场，他既要中场突破，还要协防贝尔、对抗莫德里奇，并亲自打入了反超比分的进球。他做过德尼尔森的替补、拉姆塞的替补、威尔希尔的替补，不过，站在他们身边的罗西基却像一位导师，陪伴着他们的成长，送出自己的箴言，适时地出现，又悄悄地离开。

2013/2014赛季足总杯的北伦敦德比战中，罗西基从丹尼·罗斯脚下断球，长途奔袭到托特纳姆热刺门前，然后攻破洛里把守的大门。他终于为自己找到了继续留守枪手的理由，那就是在34岁时，他依然可以成为阿森纳的首功之臣。与赫尔城的决赛惊心动魄，激战120分钟，枪手在0比2落后的情况下最终完成大逆转。对于阿森纳球迷来说，整整3283天的等待，漫长得已经让人忘记了冠军的滋味。对于罗西基来说，整整8年，他终于能和阿森纳一起高举起冠军奖杯。

因为严重的膝伤，罗西基缺席了2015/2016赛季上半段的比赛，然而刚刚复出又遭遇大腿受伤，他清楚地意识到，那一天终于还是来了。顶着"玻璃人"的称谓，他挨到36岁，终于挨过最艰难的岁月，亲眼见证着年轻的枪手们承载起阿森纳未来的希望。联赛最后一轮，当吉鲁打入击败阿斯顿维拉的第二粒进球后，阿森纳已经确定获得联赛亚军。吉鲁、贝莱林、埃尔内尼、蒙雷亚尔、科奎林、桑切斯等队友一起跑向替补席，分别与罗西基相拥。比赛因为这个瞬间而暂停，现场观众全体起立，以掌声表达着对罗西基的感激之情。十年枪手情缘，此时的罗西基配得上享有这样的礼遇。

△ 2007年2月11日,罗西基终场前6分钟攻入制胜进球,帮助阿森纳主场2比1险胜维冈竞技,这是他加盟阿森纳后的联赛处子球。

▽ 2013/2014赛季足总杯决赛,枪手上演超级逆转,他们3比2击败赫尔城夺冠。来到阿森纳8年,罗西基终于品尝到了冠军的滋味。

△ 2006年世界杯小组赛首战，捷克队3比0大胜美国，罗西基梅开二度。

同在2016年，罗西基也做出了退出捷克国家队的决定，无数的人生片段在他的职业生涯中找寻到了最圆满的轮回。退役时，他是代表捷克国家队出战的最年长的球员，作为捷克黄金一代最后的守护者，16年前，他也是代表国家队出战的最年轻的球员，开创了捷克足球历史的新希望。最后那个告别的时刻来到时，他从布拉格斯巴达球迷的恋恋不舍中走下绿茵场，19年前，他从相同的地点开始了他的足球人生。

他到来时的微笑有多真挚，他离开时的微笑就有多动人，也许这就是时光对他的忠诚相守做出的回报，它保留了他所有的美好。不管在任何地方，托马什·罗西基都在无私地奉献，这就是他能走进每个人心里的原因，他承载了生活的考验和击打，却把足球带进了艺术的殿堂。

如果足球在一个人的脚下可以如莫扎特的钢琴奏鸣曲一般欢愉，协奏曲一般超然，交响曲一般激昂，属于他的世界也必然充满了明朗、超然、乐观、无私的馈赠。所以，如果你喜欢足球，就一定会喜欢上罗西基。

金发刺客

迭戈·弗兰
Diego Forlan

国籍：乌拉圭
出生地：蒙得维的亚，乌拉圭
出生日期：1979 年 5 月 19 日
位置：前锋
俱乐部：独立，曼联，比利亚雷亚尔，马德里竞技，国际米兰，国际，大阪樱花，佩纳罗尔，孟买城，杰志
俱乐部进球数：274 球 /698 场
国家队进球数：36 球 /112 场

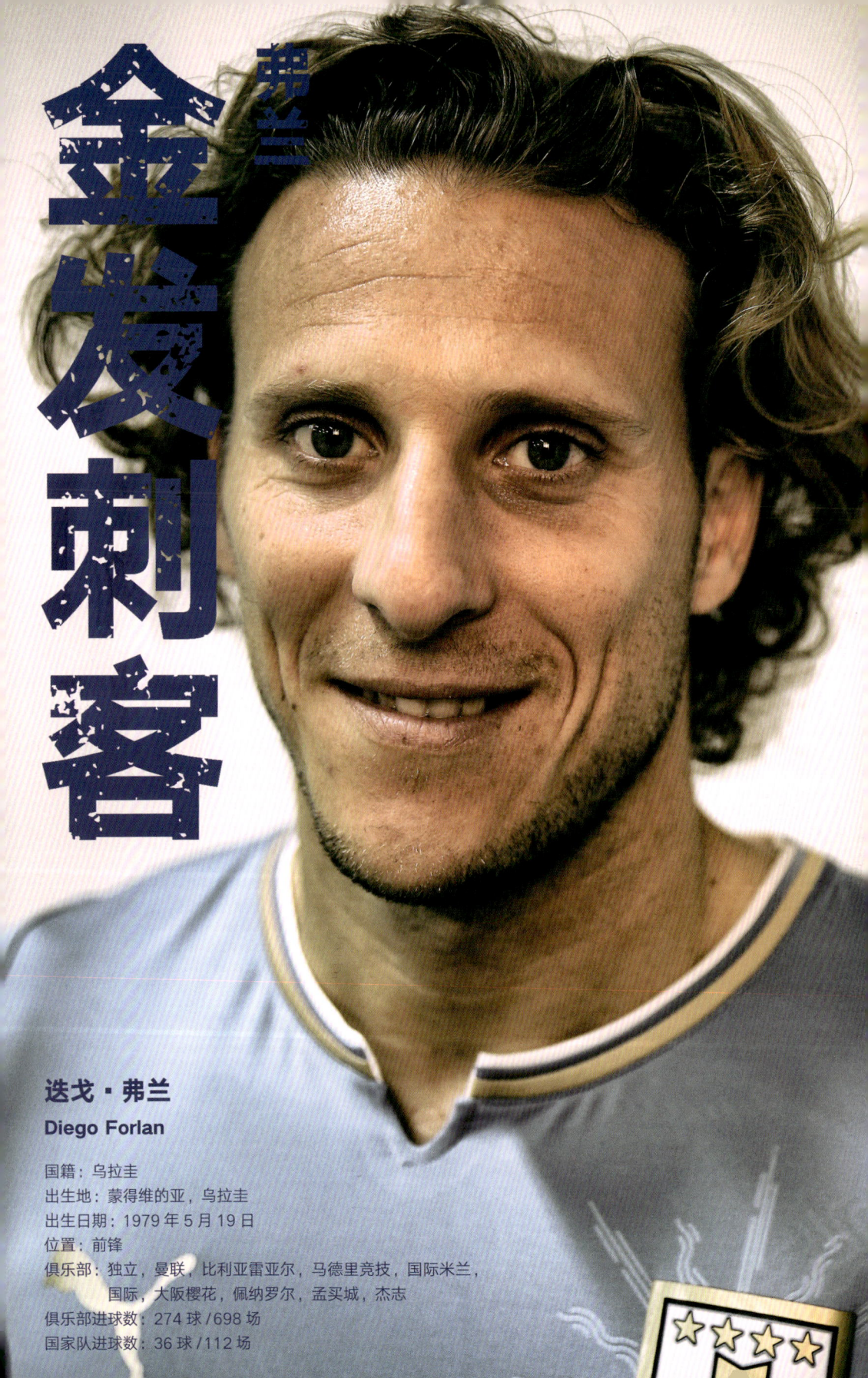

总有一首歌，能让你想起他

>>>

歌名：What Are Words
歌手：Chris Medina

　　在世界足球版图中，乌拉圭是最早的霸主，两届世界杯冠军的辉煌成绩让乌拉圭足球倍感荣耀。在这样一个足球历史悠久的国家中，曾有世界杯冠军"独臂将军"卡斯特罗的传奇，曾有吉贾在马拉卡纳绝杀巴西的骄傲，曾有弗朗西斯科利率新一代球员崛起的荣光，也曾有雷科巴以精湛脚法横空出世的惊艳。他们中的所有人，都把乌拉圭的名字传向世界，但他们中的所有人，又从未在世界舞台上绽放出"一个人的光彩"。

　　直到那一个人的出现，乌拉圭足球终于有了享誉世界赛场的超级巨星——迭戈·弗兰。

　　这位潇洒飘逸的金发射手在2010年世界杯上打进5球，其中4记都是技惊四座的世界波，在带领乌拉圭队时隔40年重回世界杯四强的同时，弗兰也无可争议地捧起了世界杯金球奖。他用最闪耀的光芒，点亮了乌拉圭足球沉寂多年的希望之火。那一年，弗兰已经31岁，距离他首次踏上世界杯赛场已过8年。他绝对是一个大器晚成的射手，从年轻时的水货骂名，到成名后的享誉世界，弗兰走过了一条艰辛漫长的道路。

　　27——这是弗兰职业生涯中一个刻骨铭心的数字。22岁登陆欧洲加盟曼联时，他原本期待着一个美好的开局，然而，他足足用了27场比赛才打进自己红魔生涯的第一球，而且还是一个贝克汉姆礼让的点球。27场，839分钟，曼联第一球，初到英伦的弗兰早已被贴上水货标签，如果不是那记点球的话，恐怕他的旅欧生涯会草草结束。

　　处子球激活了弗兰，他很快进入一段进球的高潮期。对南安普敦打入终场绝杀后，弗兰激动地脱衣庆祝，但由于太过激动，脱下的球衣怎么也穿不上了。于是，他光着膀子拎着球衣完成了一次抢断。这个有些滑稽的场面留在了英超历史中，令观者忍俊不禁。

△ 2002 年 11 月 2 日，弗兰终场前 5 分钟打进绝杀球，帮助曼联 2 比 1 击败南安普敦。弗兰脱衣激情庆祝，但有些尴尬的是，脱下来的球衣怎么也穿不上了。

2002 年 12 月 1 日，双红会如期而至，利物浦门将杜德克铸成大错，直接成就了弗兰的一飞冲天。金发刺客 3 分钟内的 2 记进球帮助曼联征服安菲尔德，那是他在曼联永恒的高光时刻。时至今日，曼联球迷赞颂弗兰的歌曲仍时时在双红会中响起，在他们眼中，这个 98 场比赛仅打进 17 球的"水货"前锋，也曾让他们在最重要的时刻抬起过高傲的头。

这就是弗兰年轻时跌宕的经历，在曼联阵中他终究难当大任。在很多球迷早期的印象里，即使弗兰在 2002 年世界杯中打进了一记精彩绝伦的凌空抽射，那也不过像双红会的灵光一闪一样，很快淹没在时代的洪流中。

乌拉圭无缘 2006 年世界杯，弗兰失去了一个为自己正名的机会。那本是一个他可以大红大紫的年代，在转战比利亚雷尔后，弗兰曾一鸣惊人，和亨利共享欧洲金靴奖。那只是他登陆西甲的第一个赛季，25 个进球让人看到了这位金发射手的潜力。

从黄色潜水艇转投床单军团，这一步更是弗兰职业生涯的重要里程

▲ 2002 年 12 月 1 日，弗兰在双红会中大放异彩，他 3 分钟内攻入 2 球，曼联客场 2 比 1 力克死敌利物浦。

碑。天下神锋出马竞，弗兰和阿圭罗用精湛的表演很快填补了托雷斯出走英超的空缺。2008/2009 赛季，弗兰更是凭借倒数第二轮的帽子戏法超越埃托奥，第二次获得西甲金靴，也第二次收获了欧洲金靴奖。那时的弗兰已经 30 岁，在多数射手走下坡路的年纪，大器晚成的弗兰却走着一条高飞之路。

2009/2010 赛季，弗兰又在欧联杯决赛中独中两元，帮助马德里竞技历史上首次夺得欧联杯冠军。这个冠军，也揭开了床单军团不断挑战欧洲荣誉的序幕，他们从此闪耀欧战，在欧联杯和欧冠的赛场上连续创造辉煌。也正是在 2010 年这个神奇的年份中，金发刺客的威名真正走向了世界。

南非世界杯前，几乎无人看好这支 8 年后回归世界杯舞台的球队。虽有老帅塔瓦雷斯压阵，又有苏亚雷斯、卡瓦尼等年轻射手冒出，但乌拉圭似乎缺少真正的巨星。31 岁的弗兰适时站了出来，以乌拉圭队领袖的姿态带领这个失意豪门重塑辉煌。

› 2005/2006 赛季欧冠 1/4 决赛首回合，比利亚雷亚尔队客场挑战国际米兰，开场仅仅 47 秒，弗兰便首开纪录。尽管首回合 1 比 2 落败，但比利亚雷亚尔回到主场 1 比 0 取胜，以客场进球多的优势晋级。首次参加欧冠便闯入四强，比利亚雷亚尔队的表现震惊了欧洲足坛。

‹ 2009/2010 赛季欧联杯决赛，弗兰第 32 分钟和第 116 分钟各入一球，马德里竞技经过加时苦战，最终 2 比 1 击败富勒姆夺冠。

> 2002 年世界杯小组赛，在乌拉圭 3 比 3 战平塞内加尔的比赛中，弗兰禁区外凌空怒射，攻入一记精彩绝伦的进球。

在乌拉圭重返世界杯四强的过程中，弗兰和苏亚雷斯搭档的锋线功不可没。弗兰入账 3 球，苏亚雷斯在对加纳的 1/8 决赛中手球救主，虽违背规则，却帮助球队死里逃生。半决赛中，乌拉圭和荷兰展开经典对攻大战，双方各演世界波，范布隆克霍斯特张弓搭箭首开纪录，世界波专业户弗兰则以一脚 30 米开外的远射做出回应。虽然乌拉圭队最终未能更进一步，但世界杯四强已是他们久违的荣耀。

同德国的三四名决赛，弗兰再演惊人之作，一脚飞身凌空扫射攻破布特的大门。他在这届世界杯上最终打进 5 球，如果不是三四名决赛最后一分钟的任意球击中横梁，弗兰就将包揽世界杯金靴奖及金球奖。

一座世界杯金球将弗兰推向了职业生涯的顶点，那是代代乌拉圭球星都未能企及的荣誉，身在巅峰的弗兰终于跻身巨星的行列，带领乌拉圭队再续辉煌。一年后的美洲杯,弗兰在决赛中梅开二度,帮助乌拉圭时隔 16 年再夺美洲杯,他们也以 15 次夺冠的纪录笑傲南美足坛,成为美洲杯历史上夺冠次数最多的国家。

当弗兰 4 年后从国家队退役时,他留下了 112 次出场进 36 球的纪录,在当时的出场次数及进球数排行中均位列乌拉圭队历史首位。金发刺客,永留经典,迭戈·弗兰的名字在乌拉圭足球悠长的记忆中,刻下了星光熠熠的一笔。

弗兰的职业生命一直延续到 40 岁,在西甲的光环褪去之后,他先后转战国际米兰、佩纳罗尔等老牌球队,也曾在日本大阪樱花、中国香港杰志等队效力,在亚冠舞台上让我们近距离领略过他的风采。2019 年 8 月,弗兰低调宣布退役,乌拉圭足坛的一代巨星正式告别历史舞台,而时代的舞台早已郑重记录下他从大器晚成到名满天下的全部历程。

他走过多年,金发依旧,转战南北领略东西,他不惑之年的样子,和初出茅庐时的金发杀手几乎没有分别。但时钟总是这样催人行走,那一缕不经意间露出的白发,会让一切岁月的痕迹再上心头。在那岁月的重演中,我们分明看到一个金发刺客,正秣马上弦拉弓搭箭,以最美妙的姿态射向对手的腹地,霸气依旧,一招制敌。

> 2010 年世界杯三四名决赛,乌拉圭对阵德国,弗兰横身扫射攻破布特把守的大门,这是他在这届世界杯上打进的第 5 粒进球。

弗兰　金发刺客

英雄出少年

克鲁伊维特

帕特里克·克鲁伊维特
Patrick Kluivert

国籍:荷兰
出生地:阿姆斯特丹,荷兰
出生日期:1976年7月1日
位置:前锋
俱乐部:阿贾克斯,AC米兰,巴塞罗那,纽卡斯尔联,巴伦西亚,埃因霍温,里尔
俱乐部进球数:205球/468场
国家队进球数:40球/79场

总有一首歌，能让你想起他

>>>

歌名：When I Was a Boy
歌手：Jeff Lynne's ELO

  2017 年 11 月 26 日，在阿贾克斯 5 比 1 大胜罗达 JC 的荷甲比赛中，一个叫尤斯廷·克鲁伊维特的 18 岁少年上演了他职业生涯的第一个帽子戏法，这个未来之星正是荷兰传奇球星帕特里克·克鲁伊维特的二公子。足坛英雄出少年，这样的特质仿佛是流淌在克鲁伊维特家族血液里的传承基因，长大后，我便成了你。小克鲁伊维特的 18 岁年华已足够惊艳，但父亲的 18 岁更加惊天动地。

  一切的故事要回到 1995 年 5 月 24 日的维也纳恩斯特·哈佩尔球场，欧冠决赛在这里上演，这是一场属于青年近卫军阿贾克斯与老牌豪门 AC 米兰之间的冠军战。整个上半场，老道的米兰人完全掌控着比赛的节奏，老水手们把这些翻滚的后浪完全戏弄于股掌之间，红黑军团差的只是一个进球。

  第 68 分钟时，阿贾克斯主帅范加尔的一次换人改变了一切。18 岁小将克鲁伊维特披挂上阵，仅仅 16 分钟过后，老大哥里杰卡尔德就为他送上精妙助攻，这个名不见经传的大男孩用一脚致命的捅射刺穿了米兰人的心脏。克鲁伊维特由此成为了欧冠决赛历史上最年轻的进球者，这是一粒价值连城的制胜进球，阿贾克斯时隔 22 年再次登临欧洲之巅。

  这是多少人在梦中都无法体会的极致快乐，但对于 18 岁的克鲁伊维特而言，他却无比真切地活在了一个看似不真实的梦中。当克鲁伊维特已经在世界足坛大红大紫的时候，与他同年同月同日生的另一位荷兰足坛巨星范尼斯特鲁伊还在乙级的登博施队踢中场，这两位日后惺惺相惜的锋线名将注定有着截然不同的成长轨迹，一个大器晚成，另一个则是少年得志。

  正是这场一球成名的冠军之战，让 AC 米兰老板贝卢斯科尼坚定地希望把这位天才少年带到圣西罗。1997 年，老贝终于得偿所愿。此时的克

▲ 1994/1995赛季欧冠决赛，18岁的克鲁伊维特替补出场后打进全场唯一进球，帮助阿贾克斯1比0力克AC米兰夺冠。

◀ 克鲁伊维特就此一球成名，他成为了欧冠决赛历史上最年轻的进球者，阿贾克斯时隔22年再次登临欧洲之巅。

鲁伊维特已经在阿贾克斯赢得了几乎可以赢得的一切，和他一起上演青春风暴的同伴们也已四散天涯，对于那时的克鲁伊维特而言，AC 米兰无疑是最好的舞台。

1997 年夏天，米兰城还有另一桩重磅转会，"外星人"罗纳尔多天价加盟国际米兰。对此，AC 米兰的球迷却不以为意，"我们有克鲁伊维特，罗纳尔多算什么？"可是，现实却总是突如其来的冰冷，克鲁伊维特在 AC 米兰遭遇严重的水土不服。一个赛季下来，他仅仅收获 9 个进球，夏天的那些欢迎人潮此时也不客气地对他报以漫天嘘声，少年英雄遇到了人生最严重的信任危机。

不过，危机中却总又埋藏着转机。当 1998 年法国世界杯来临之际，荷兰主帅希丁克选择把无限信任给予这位天才少年。越是大舞台，克鲁伊维特越是亢奋，他似乎天生就是为了大场面而生。这个法兰西之夏，克鲁伊维特在与南美双雄阿根廷和巴西队的交锋中都有着现象级的表现，两场比赛他各入一球，而且这两粒进球把他的个人特点展现得淋漓尽致。

1/4 决赛面对潘帕斯雄鹰，冰王子巧做嫁衣，克鲁伊维特鬼魅跑位，他的进球为郁金香先声夺人。半决赛面对桑巴军团，橙黄大战更是成为了克鲁伊维特与罗纳尔多的个人对决。这场龙虎斗，罗纳尔多率先亮剑为巴西队首开纪录，但终场前 3 分钟，弗兰克·德波尔右路祭出圆月弯刀，那一刻，克鲁伊维特将自己的身体完美地抛向空中，只见他高高跃起精准头槌，皮球攻破了塔法雷尔的十指关。这是一个典型的克鲁伊维特进球，出色的抢点意识，出众的弹跳与爆发力，关键时刻的大心脏，合力定格了这个世界杯的经典瞬间。只不过遗憾的是，后来的点球大战，郁金香无法继续芬芳，克鲁伊维特没能在一个更大的舞台为自己正名。

两年之后的本土欧洲杯，剧情又是一场似曾相识的过往。2000 年的欧洲杯之夏有一个最好的克鲁伊维特，面对南斯拉夫的帽子戏法，让人们相信没有人可以阻挡荷兰的冠军步伐。克鲁伊维特就像一个一直游走在对方防线的进攻幽灵，在与皮球发生触碰的一刹那，总能点石成金。

∧ 1998年世界杯半决赛,第85分钟,克鲁伊维特一记强有力的头球为荷兰队扳平比分。只可惜在最后的点球大战中,橙衣军团还是被巴西队淘汰。

∨ 2000年4月18日,在欧冠1/4决赛第二回合中,巴塞罗那经过加时赛鏖战以5比1击败切尔西,从而以总比分6比4淘汰对手闯入四强。克鲁伊维特在第104分钟攻入一球,为球队锁定胜局。

克鲁伊维特最终以 5 粒进球成为了那届欧洲杯的最佳射手，可是，最佳射手没有收获一个最佳结局，那年的半决赛成为了圣托尔多诞生的舞台。其实，克鲁伊维特原本有机会在常规时间内就终结托尔多的神奇，但那个打在立柱上的点球成为了他永远也无法弥补的遗憾。在自己最好的年华，却依然难以破解荷兰足球悲情的宿命，这是克鲁伊维特的一生之痛，一生之殇。

那个年代，克鲁伊维特是荷兰足球的一面旗帜，更是诺坎普的万众宠儿。1998 年世界杯后，当克鲁伊维特与恩师范加尔在巴塞罗那重逢，这个天才仿佛一下子就恢复到了原厂设置，那个在米兰迷失的孩子完成了华丽转身。

来到巴塞罗那之后，克鲁伊维特很快就和里瓦尔多、菲戈之间产生化学反应，这个铁三角组合成为了巴萨历史上的一个经典组合。加盟巴萨的首个赛季，克鲁伊维特就帮助球队卫冕了西甲冠军。但让人无言的是，尽管荷兰射手效力巴萨 6 个赛季，为球队出战 257 场比赛，留下了 122 粒进球的不俗成绩单，但 1998/1999 赛季的这个西甲冠军是他为巴萨获得的唯一锦标。有人为此曾质疑过克鲁伊维特的真正价值，对于这样的声音，作为对手的皇马主帅博斯克直言不讳地表达了自己对荷兰前锋的支持："如果对克鲁伊维特都抱以怀疑态度，那么到哪里去找更为出色的前锋呢？至少我没有见过哪位和他一样身高的前锋，可以在禁区内如此灵活且富有创造力。"这是来自对手的最高敬意。

的确，在克鲁伊维特处于巅峰的时代，他就是世界上最好的前锋之一，他的足球生命如同夏花般纷繁绚烂，但在 27 岁的年纪，这个曾经的天之骄子却不得不接受自己已然如秋叶般飘零的命运，这是全世界足球人都不愿意发出的叹息，但却是克鲁伊维特真实的足球生命轨迹。

范加尔曾经说过，自己的这位爱徒是和范巴斯滕一样伟大的人物，如果克鲁伊维特生在克鲁伊夫的年代，他甚至可以与这位传奇比肩。如果你真的经历过克鲁伊维特踢球的时代，你一定不会认为范加尔是夸大其词，因为在那个花开盛夏的时节，他曾经芬芳世界，花开漫天。

全能战士
维埃拉

帕特里克·维埃拉
Patrick Vieira

国籍：法国
出生地：达喀尔，塞内加尔
出生日期：1976 年 6 月 23 日
位置：中场
俱乐部：戛纳，AC 米兰，阿森纳，尤文图斯，国际米兰，曼城
俱乐部进球数：58 球 / 651 场
国家队进球数：6 球 / 107 场

总有一首歌，能让你想起他

\>\>\>

歌名：Strong
歌手：Robbie Williams

  2004年5月16日，海布里球场内人声鼎沸，热闹非凡，这是这座北伦敦的足球圣殿91年历史中最辉煌的一幕。枪手队长维埃拉高高举起英超奖杯，阿森纳在英超中第3次登上巅峰，那是一项前所未有的成就，正像海布里看台上的巨幅标语所描述的那样："26胜12平"，枪手用整个赛季不败的成绩拿下了英超历史中最特殊的一座奖杯。16年过去了，这项纪录一直保持至今。

  那是一个温格麾下的枪手叱咤风云的年代，特别是以维埃拉、亨利、皮雷和维尔托德为代表的法国军团大放异彩，他们奉献着当时在欧洲足坛少见的华丽足球，并且能够做到华丽与成绩并存。队长维埃拉是亚当斯之后阿森纳的又一位杰出领袖，他天生的领导才能让他在26岁时就担起大任，接过枪手队长袖标，他在场上的B2B（从一个禁区到另一个禁区）风格也正是当年枪手最需要的。

  事实上，维埃拉甚至先于温格来到阿森纳。1996年夏天，在AC米兰几乎没有出场机会的维埃拉来到了海布里，那时的他只有20岁，而阿森纳正处在一个新老交替的时代。一个月后，温格的上任让枪手正式踏上复兴之路，也让维埃拉真正开始在五大联赛中正名。1997/1998赛季和2001/2002赛季，阿森纳两次夺取英超和足总杯双冠王，1998—2004年，维埃拉连续6个赛季入围英超最佳阵容，这些荣誉让曾在意甲碰壁的维埃拉迅速进入到世界一流中场之列。

  在2003/2004赛季的不败历程中，维埃拉曾多次在关键时刻立下奇功。在白鹿巷球场，阿森纳面临着毕其功于一役的局面，志在必得的枪手通过标志性的团队配合首开纪录，打进此球的正是队长维埃拉。在北伦敦死敌托特纳姆热刺的主场，阿森纳实现了提前三轮夺冠的成就，第三次成为英超霸主。

▲ 2003/2004 赛季，阿森纳队以不败战绩夺得英超冠军，维埃拉、亨利、皮雷领衔的法国军团功不可没。

最后一轮与莱斯特城的比赛中，又是维埃拉挺身而出，接到博格坎普的助攻后打入关键一球，为阿森纳队逆转了比分，最终力保枪手以赛季不败的战绩完美收官。

几个月后，阿森纳又将联赛不败延续到 49 场，打破了诺丁汉森林队 26 年前在英格兰足坛创下的纪录。这 49 场不败的神奇数字，到如今仍在英格兰足球的史册中拥有至高地位，熠熠生辉。

彼时的英格兰足坛，温格和弗格森，阿森纳和曼联，时刻上演着双雄争霸的故事，那就是一个属于红魔和枪手的时代，他们轮流坐庄，共享风云。在这样的时代背景下，红魔枪手的每一次对决不仅意义重大，更是火药味十足，维埃拉和基恩曾共同拥有那段让人血脉偾张的回忆。两个脾气火爆的领袖碰撞在一起，决不让对方半步，他们数次在直接对话中发生冲

维埃拉　全能战士

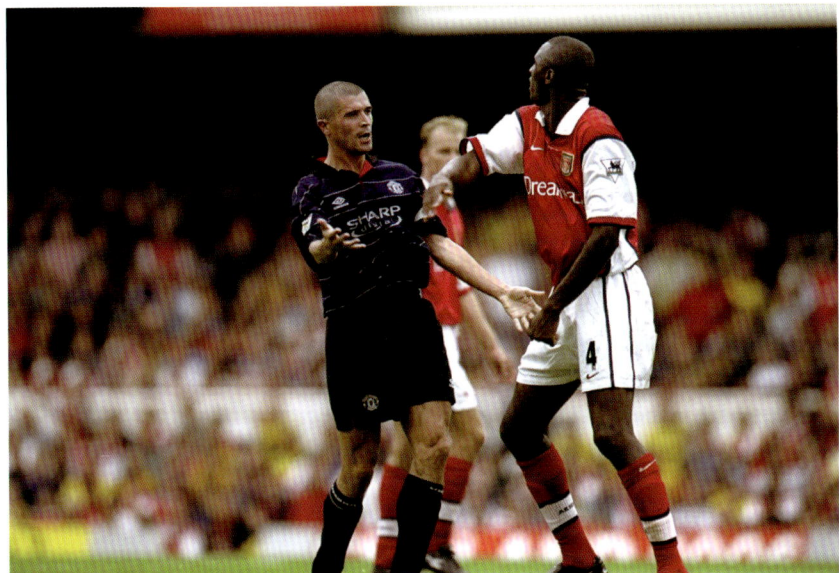

△ 1999年8月22日，阿森纳主场迎战曼联，维埃拉与基恩这对老冤家再次拳脚相向。这场比赛，基恩独中两元，帮助曼联2比1逆转取胜。

▽ 2003年9月21日，在阿森纳客场同曼联的英超联赛中，维埃拉做出飞踹范尼的动作而吃到第二张黄牌被罚下场。维埃拉下场时又同范尼发生争执，被基恩、加里·内维尔等人拉开。

突，甚至大打出手。英国媒体称维埃拉和基恩是"一生之敌"，他们相同的强硬性格和相似的足球风格总能对撞出激情的火花。

维埃拉在英超期间总共 8 次吃到红牌，至今仍排在英超红牌榜榜首，基恩则只比他少 1 次。不过，令人有些意外的是，他们两人吃到的红牌竟都跟自己的"一生之敌"无关。在 2003/2004 赛季史称"老特拉福德之战"的那场对话中，维埃拉被范尼斯特鲁伊的演技激怒，在被红牌罚下场后，他冲向范尼讨要说法，还是基恩和加里·内维尔拦在了两人中间，以难得冷静的姿态熄灭了这场怒火。

在维埃拉同基恩英超交锋的后期，渐渐有了种惺惺相惜的感觉，他们曾在球员通道内率队入场前的一刹那相视一笑。多年的战火在那一刻突然变得有些温暖，两个江湖硬汉早已了却恩仇，看淡了硝烟。

2004/2005 赛季，维埃拉以足总杯决赛的制胜点球完成了对老对手曼联的最后一击，那是他枪手岁月中的最后一战，也最后一次为阿森纳举起奖杯。随着维埃拉和基恩在同一年先后告别英超，红魔枪手激战争锋的岁月也在英超的历史中一去不返。如今，他们之间的比赛虽仍是焦点，却难见火花，在场上没有人能够平息战火，那是因为甚至没有人再去挑起争端。

告别阿森纳时维埃拉 29 岁，他以 9 年的枪手风云在英超写下威名，成为阿森纳俱乐部历史中的传奇，不败道路上的领袖，也可以说是阿森纳迄今为止最后一位真正的领袖。正是自维埃拉之后，阿森纳开始了年年卖队长的尴尬传统，他们从此走下神坛，再也无缘英超奖杯。

维埃拉则在职业生涯中第二次转战意甲，引进他的又是十年前第一次把他领入意甲的卡佩罗。那曾是一段不成功的闯荡经历，不满 20 岁的维埃拉在 AC 米兰深陷泥潭，如今，他带着世界顶尖中场的名号回归，转投尤文图斯。可惜的是，由于电话门事件的爆发，维埃拉还算成功的尤文生涯非常短暂。随后他转至国际米兰，随着年龄的增长，他已不再是球队的第一选择，但那是一段被国米统治的意甲岁月，维埃拉随球队连夺 4 季意甲冠军，在个人职业生涯的荣誉册上再添新篇。至此，他拿到的冠军包括

▲ 维埃拉的国家队生涯同样辉煌，他是 2000 年欧洲杯法国队夺冠的重要功臣。此外，在 1998 年世界杯上，年轻的维埃拉以替补身份随法国队夺得大力神杯。

英超、足总杯、意甲、意大利杯，国家队层面还有世界杯和欧洲杯，除无缘欧冠奖杯外，基本完成了职业生涯的大满贯。2011 年夏天，35 岁的维埃拉在曼城结束了自己的球员生涯。

作为法国国脚，维埃拉踢球时只在法甲戛纳队短暂驻足，他将大部分的荣誉与骄傲都奉献给了英超赛场。球迷们不会忘记这个高个子全能中场大踏步前进的经典身姿，以及他在英超留下的那许多难以磨灭的瞬间。时至今日，温格打造的以维埃拉、亨利为代表的法国军团仍是英超史册中的经典战队，49 场不败、枪手红魔争雄、弗格森温格斗法、维埃拉基恩制霸中场、亨利范尼争夺金靴等等传奇故事像那个黄金时代一样，令英超球迷久久怀念。

罗伊·基恩
红魔领袖

罗伊·基恩
Roy Keane

国籍：爱尔兰
出生地：科克，爱尔兰
出生日期：1971年8月10日
位置：中场
俱乐部：科夫漫步者，诺丁汉森林，曼联，凯尔特人
俱乐部进球数：87球/676场
国家队进球数：9球/67场

总有一首歌，能让你想起他

>>>

歌名：Numb
歌手：Linkin Park

他们曾是一对最默契的师徒，在那个并不遥远的红色年代里，他们联手拿下 7 座英超奖杯、4 座足总杯、1 座欧冠奖杯和 1 座丰田杯。

他们又是一对水火不容的敌人，两人有着相似的强硬性格和倔强脾气，他们永远无法回到过去，也永远无法握手言和。

2019 年，在一次访谈中，罗伊·基恩再次炮轰弗格森爵士，一旁的昔日队友加里·内维尔只能静静地听着，场面有些尴尬。事实上，这种尴尬的局面已经持续了 14 年。当主持人问到基恩，可还记得上一次跟弗格森对话是什么时候，基恩的回答几乎是不假思索的："自从那次之后就没说过话！"

"那次"——想必曼联球迷一定知道基恩指的是哪一次。

时光倒转 14 年。2005 年 11 月 19 日的查尔顿山谷球场，看台上的曼联远征军整场都在高唱："世界上只有一个基恩"。尽管他们知道，从那天起，曼联的后基恩时代已经提前到来。

就在一天前，曼联突然宣布与队长罗伊·基恩解约，他 12 年的红魔岁月最后以黯然离去而告终，不得不说是一种巨大的遗憾。

此前两周，正在养伤的基恩炮轰了曼联队友奥谢、阿兰·史密斯、理查德森等人，更是言辞激烈地批评了刚在一线队占据位置的年轻中场弗莱彻。但是要知道，在曼联，只能有一个老大，那就是弗格森。基恩这回的做法明显越界，与其说他得罪了半支球队，不如说他冒犯了弗格森的权威。

就在基恩炮轰事件后的几天，弗莱彻打进全场唯一进球，帮助曼联击败了当时不可一世的霸主切尔西。那一天，基恩就坐在老特拉福德的看台上，脸色铁青，那时似乎就已注定他不久后的失意结局。

然而，曼联并没有找到基恩合适的继任者。弗莱彻在随后几年骁勇异常，他和卡里克组成的中场搭档帮助曼联重回巅峰，两人也都进入了红魔传奇的行列，但他们都不是基恩，没有从一个禁区到另一个禁区的超凡实

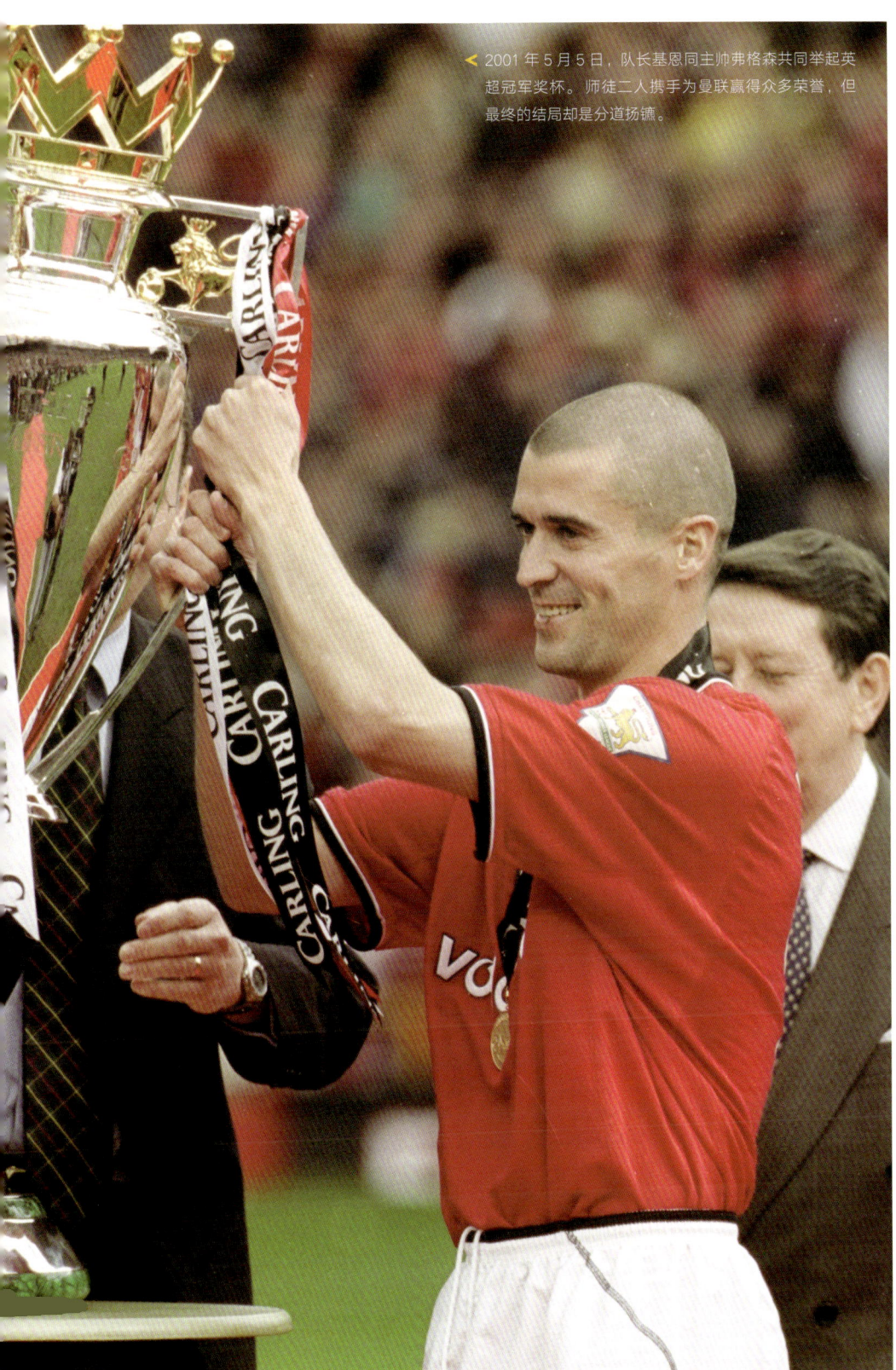

◁ 2001年5月5日,队长基恩同主帅弗格森共同举起英超冠军奖杯。师徒二人携手为曼联赢得众多荣誉,但最终的结局却是分道扬镳。

力，也没有一眼望去的霸气，更没有与生俱来的领袖气质。的确，在基恩之后，曼联再也没有了真正的领袖。

红魔的上一个领袖是坎通纳，基恩正是从高傲的法国人手中接过队长袖标的。自 1993 年从诺丁汉森林来到老特拉福德后，基恩先后经历了布赖恩·罗布森、布鲁斯和坎通纳三任铁血队长，他跟这三位有着相同的气质。

来曼联的第一个赛季，基恩就随球队获得英超和足总杯双冠王，那甚至是他足球生涯中第一次取得冠军荣誉。在后腰位置上，年轻的基恩正悄然超越比他大 4 岁的功勋老将保罗·因斯。

1995/1996 赛季，随着因斯、休斯、坎切尔斯基三大主力的集体转会，基恩身边的搭档一下子变成了 92 班年轻球员，这让他不得不提前挑起大梁。在坎通纳的率领下，基恩和 92 班的孩子们一同经历了飞速成长，在一度落后纽卡斯尔联队 12 分的不利局面下成功逆袭，夺回了失去一年的英超锦标。日渐成熟的基恩也在坎通纳突然宣布退役后成为了曼联队长的不二之选。1997 年 8 月，他正式佩戴上队长袖标，一个新的时代就此开始。

也正是在那个时代中，基恩遇到了自己的一生之敌——维埃拉。在曼联和阿森纳的连番对战中，脾气同样火爆的两位队长不仅多次在场上直接对位，还屡屡发生口角，甚至大打出手。这一切，都记录着曾经的非凡年代中，红魔与枪手双雄争霸、各自统治英超的风云岁月。

很遗憾，这对天生宿敌之间的对决随着基恩的解约、维埃拉的离开戛然而止。多年以后，在一部专门为他俩制作的纪录片《最佳敌人》中，两人终于面对面坐在了一起。他们谈论往昔，笑看风云，那些特殊的恩怨，激战的火花，早已随着年代久远而渐渐褪去，相逢一笑泯恩仇，是二人共同的选择。只可惜，基恩和曾经亲如父子的弗格森爵士之间，却做不到这些。

这是基恩的性格。在喜爱他的人心中，他是刚强、血性的代表，而在不喜欢他的人眼里，他是简单、粗暴的典型。但这并不矛盾，因为在基恩的体内，本身就存在着正邪对立的两面性。

2001 年 4 月的一场曼市德比中，基恩抬脚凶狠地踏向曼城球员哈兰德，吃到红牌。在一年后出版的自传中，基恩承认自己当时就是要故意报复哈

▲ 基恩和维埃拉堪称"一生之敌"。2004/2005 赛季足总杯决赛，阿森纳点球大战击败曼联夺冠，两人在比赛中互相牵制对方。

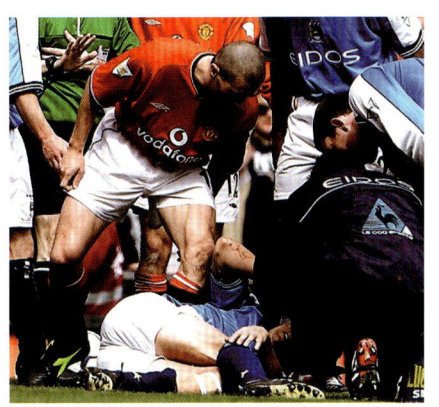
▲ 2001 年 4 月 21 日，曼市德比在老特拉福德上演。终场前 5 分钟，基恩踹翻曼城中场哈兰德吃到红牌，他冲倒在地上的哈兰德大声咆哮。

兰德，因为 1997 年哈兰德还在利兹联踢球时，在同曼联比赛中与基恩结下了梁子。基恩的这次报复使哈兰德的足球生涯遭遇重创，他也遭到了追加停赛 5 场、罚款 15 万英镑的重罚。2002 年世界杯前夕，他又因与爱尔兰主帅麦卡锡闹翻而被驱逐出国家队，失去了最后一次参加世界杯的机会。

得与失，爱与恨，在基恩的字典中从来就是鲜明地对立着，没有任何的余地，没有任何的回旋，这也注定是他为个性付出代价的原因。与弗格森决裂后，他再没能高昂着头走出老特拉福德球场。

但对曼联的球迷来说，他们又怎能忘记在 12 个红色年代中屡立功勋的伟大队长。时光静静停留在 1999 年 4 月 21 日这一天，德尔·阿尔卑球场，欧冠联赛半决赛第二回合。当因扎吉为尤文图斯打进第二球后，斑马军团总比分 3 比 1 领先，很多人都认为曼联已经出线渺茫。

关键时刻，队长基恩挺身而出，将贝克汉姆开出的角球重重砸进了尤文大门。这一球，是基恩曼联时代最重要的一球，它为球队点燃了反扑的火焰，曼联最终在客场实现大逆转，重新踏上了三冠王之路。

不过在上半场尾声阶段，精神过于亢奋的基恩从身后铲倒齐达内吃到

▲ 1998/1999 赛季欧冠半决赛第二回合，在 0 比 2 落后尤文图斯的逆境中，基恩头球破门，引领曼联吹响反击号角，这是他职业生涯最重要的一粒进球。

黄牌，这张黄牌意味着他无缘最后的决赛，就这样和诺坎普奇迹擦肩而过。登顶欧洲的征途中，曼联经过了 13 场比赛才最终到达那里，基恩打满了前面的 12 场，却错过了最重要的一场。这是三冠王神奇赛季中基恩最大的憾事，直到球员生涯结束，他也再没能有机会弥补这一遗憾。

三冠王的赛季终成回忆，基恩领衔的曼联又以英超三连冠的成就续写霸业。很多人把基恩评价为曼联历史上最伟大的队长，他的确实至名归。论成就，他超越了罗布森和布鲁斯，论年限，他又超越了当年的大哥坎通纳。他用 12 年的岁月，17 座冠军奖杯，打造了属于自己的红色年代。

如果有机会走进老特拉福德的博物馆，一定要去看看那 17 座奖杯，那里或许还会有一件尚未洗清汗渍的 16 号战袍，瞬间把你带回到那 12 年间——在那永远激情澎湃的老特拉福德球场上，那永远神情严肃、高昂着头的红魔队长，正目光炯炯地正视前方。多少风云变幻，多少恩怨情仇，都随那红色年代乘风而去。

▲ 用霸气的怒吼激励队友，震慑对手，这是基恩在球场上的标志。

智慧人生

瓜迪奥拉

佩普·瓜迪奥拉
Pep Guardiola

国籍：西班牙
出生地：桑佩多尔，西班牙
出生日期：1971年1月18日
位置：中场
俱乐部：巴塞罗那，布雷西亚，罗马，阿赫利，多拉多斯
俱乐部进球数：23球/385场
国家队进球数：5球/47场

总有一首歌，能让你想起他

>>>

歌名：Te Fuiste de Aqui
歌手：Reik

　　"球圣"克鲁伊夫曾经评选过他心目中的完美 11 人，在这个阵容里，没有如今如日中天的绝代双骄，也没有球圣自己，但在这个梦幻球队里，有贝利和马拉多纳，还有一个名字叫做瓜迪奥拉。

　　没错，这个瓜迪奥拉就是那个瓜迪奥拉，那个如今出现在媒体中，前缀总是带着"世界最佳教练之一"的瓜迪奥拉。当瓜迪奥拉被这样的光环所笼罩，人们似乎总是有意无意地忽视这个男人在球员时代是一个怎样的存在。别忘了，他是克圣梦幻 11 人里在后腰位置上的唯一人选，别忘了，这不是巴塞罗那历史上的最佳阵容，而是整个足球历史的最佳阵容。

　　当然，克鲁伊夫所言并不是绝对意义的客观真理，但在看人一向挑剔的球圣眼中，瓜迪奥拉能够配得上这样的席位一定有其异于常人之处。那这个看上去有些"中庸"的球员个体，究竟哪里超乎常人？答案是唯一的——头脑。

　　足球从来不是属于莽夫的运动，它需要一个高速运转的头脑掌控和支配自己的身体，去和脚下的皮球发生最奇妙的化学反应，从这个角度而言，瓜迪奥拉绝对是个足球天才。

　　克鲁伊夫和瓜迪奥拉在人生里第一次相逢，是巴塞罗那 B 队的训练场。当时的瓜迪奥拉还是球队的右中场，克鲁伊夫观察片刻后，在场边做出一个换位指示，他让瓜迪奥拉从右侧往中路移动，出任球队后腰。正是这个智举，改变了瓜迪奥拉的人生轨迹，人们那时眼中的瓜迪奥拉是一个再普通不过的球员，但克鲁伊夫却在心中认定，这是一个大局观出色、无时无刻不在用眼睛观察、大脑高速运转的可塑之才。果然，后来的故事证明，克圣的确慧眼识珠。

　　克鲁伊夫之于瓜迪奥拉，就如同伯乐之于千里马。在克鲁伊夫的手

△ 克鲁伊夫之于瓜迪奥拉，就如同伯乐之于千里马。在克鲁伊夫手下，瓜迪奥拉学会了洞察空间，构建空间，解析空间，在空间与空间之间建造心中的足球世界。

△ 1991/1992 赛季欧冠决赛，巴塞罗那通过加时赛 1 比 0 小胜桑普多利亚，历史上首次捧得冠军杯。从这个赛季开始，瓜迪奥拉占据了巴萨的主力之位。

下，瓜迪奥拉学会了洞察空间，构建空间，解析空间，在空间与空间之间建造心中的足球世界。在克鲁伊夫的手下，20 岁的瓜迪奥拉可以和克鲁伊夫每天谈论战术，从那个时候开始，瓜迪奥拉就已经痴迷于在战术板上与自己的足球教父纵论高下，这样的场景，同当年 20 岁的克鲁伊夫与他的足球教父米歇尔斯在训练场上为战术论战如出一辙。

年轻的瓜迪奥拉必然不是完美的，他如同一块沉降在茫茫大地的璞玉，需要一个能工巧匠的潜心雕琢。如今的瓜迪奥拉依然记得他第一次在克鲁伊夫手下踢球时的场景："那场比赛中场休息时，克鲁伊夫'羞辱'了我，他说我移动的速度比他奶奶还要慢。"可以说，正是这样的严苛要求，成就了后来的瓜迪奥拉。当你看到在球场上，瓜迪奥拉总是那个不停

▲ 2001年3月3日，在自己参加的最后一场西班牙国家德比中，瓜迪奥拉带
　球突破菲戈的防守。在瓜迪奥拉的职业生涯中，国家德比始终占据着特殊
　位置。

奔跑、不停观察、不停思考的足球智者，只有思行合一，才能踢出曼妙的梦幻足球。

　　1992年的夏天，那是一个属于巴塞罗那梦之队的璀璨之夏，瓜迪奥拉和他的球队不仅一起收获了西甲两连冠，他们还在那一年收获了俱乐部历史上的第一座欧冠奖杯。在那支"梦之队"当中，21岁的瓜迪奥拉已然是雷打不动的主力后腰。虽然瓜迪奥拉这个名字就像他在球队的位置一样，总是默默无闻，甘当绿叶，把自己的光华隐藏在一串伟大的名字之后，但是在克鲁伊夫的心中，这个被他一手提拔的弟子已是他心中的第一

△ 2001年10月14日，布雷西亚在意甲联赛中主场2比2战平切沃。这年夏天，瓜迪奥拉离开效力长达11个赛季的巴塞罗那，转投布雷西亚。

门徒，一个深深刻着克鲁伊夫和巴塞罗那烙印的绝代门徒。

如果要选择一场瓜迪奥拉"梦之队"生涯的代表之作，那么1993/1994赛季的国家德比次回合绝对榜上有名。那一天的诺坎普，瓜迪奥拉用他润物细无声般的表现帮助球队收获了一场5比0的酣畅大捷，"独狼"罗马里奥受益于瓜迪奥拉的炮弹输送和进攻策应，在那场比赛里大演帽子戏法。

5比0，成为了国家德比历史上一个永远让皇马写满尴尬的比分。16年之后，同样是在诺坎普，巴塞罗那成功复制了这场完美的胜利，5球横扫皇家马德里。此时的瓜迪奥拉，已是巴塞罗那阵中那个运筹帷幄的三军统帅。16 年过去了，从球员到教练，这个加泰罗尼亚的男人一直是皇家马德里难以逾越的噩梦。16 年过去了，瓜迪奥拉头顶的发丝已经不见，但他的最强大脑却依旧在高效运行。时代总会更迭，但会思考的人和足球，永远屹立在时代的前沿，这就是瓜迪奥拉和他的足球。

瓜迪奥拉无疑是幸运的，在他的巴塞罗那生涯期间，西班牙人有幸在克鲁伊夫、罗布森爵士以及范加尔手下效力。用瓜迪奥拉的话说，在这三位名帅手下，每一堂训练课，每一场比赛，都是一堂生动的大师课。瓜迪奥拉就像一个潜心求教的武林高手，在不同门派的大师身边耳濡目染，在不同的足球哲学下滋养成长。后来，范加尔曾回忆道："球员时代的瓜迪奥拉最爱做的事情，就是跟我谈论足球和战术。"

除了是个"球痴"，某种程度上瓜迪奥拉也是个"话痨"。无论是在训练场还是比赛中，球员时代的瓜迪奥拉总喜欢拉着队友见缝插针地谈话，这样的画面总是被镜头所定格，这就是为什么范加尔后来把队长袖标交给瓜迪奥拉的原因。越老越妖的瓜迪奥拉在巴萨后期不仅仅是球队的节拍器，更是球队当之无愧的精神领袖，他在此时已然为日后成为世界最佳主帅做好了一切准备。

瓜迪奥拉日后所拥有的一切荣耀仿佛都是水到渠成，10 年 30 座冠军奖杯，这是他华丽转身为教练之后留给世人的惊叹。当年，克鲁伊夫为巴塞罗那建造了一座足球圣殿，而瓜迪奥拉则把这座圣殿装饰得蔚为壮观。当瓜迪奥拉离开这座圣殿之后，他又把自己深刻烙印的足球哲学播撒向德意志与大不列颠，在不同的领地发扬光大。这一切成功的背后，都离不开智慧的引领，离不开思考的力量。

"他总是活在足球的世界中"，这或许是很多与瓜迪奥拉共事过的人给予他的评价。总是活在足球的世界里，也就意味着他每分每秒都在自己的头脑里构建着足球的理想世界。足球，绝不仅仅是一项双脚的运动，更是一场头脑的风暴，而瓜迪奥拉就是那个飓风来袭时却永远平静的风暴中心。这个来自于加泰罗尼亚的思想家，用他的头脑搅动着足球风暴，他却不改智行本色，在风暴眼波澜不惊，留给世人一片风和日丽。

▲ 由于同国家队主教练克莱门特发生分歧,瓜迪奥拉错过了1996年欧洲杯,之后,他又因重伤错过了1998年世界杯。2000年欧洲杯是瓜迪奥拉参加的第二届大赛,不过西班牙队在1/4决赛中1比2不敌齐达内领衔的法国队。

英伦重炮

希勒

阿兰·希勒
Alan Shearer

国籍：英国
出生地：纽卡斯尔，英国
出生日期：1970年8月13日
位置：前锋
俱乐部：南安普敦，布莱克本，纽卡斯尔联
俱乐部进球数：379球/734场
国家队进球数：30球/63场

总有一首歌，能让你想起他
\>\>\>
歌名：Now and Forever
歌手：Richard Marx

朴实的面孔挂着笑容，右手举起摊开手掌，这看起来有些老气横秋的庆祝动作，却生动地刻画出英超历史上的一个经典形象。这有如领袖检阅般的动作自始至终只属于一个人——英格兰足球的永恒射手阿兰·希勒。

在希勒效力十年的纽卡斯尔圣詹姆斯公园球场，他的雕像伫立在那里，静静地讲述着来时的故事。雕像采用的正是希勒庆祝进球时的经典姿势，但也有一个小小的遗憾，希勒雕像是伸出右手食指指天，而非人们所熟知的手掌摊开。雕像揭幕之后，这看似摆乌龙的设计曾在网上引发热议，但实际上，希勒在职业生涯末期确实也多次采用过食指指天的动作来庆祝进球，引发争议的原因或许是他最接地气的举手庆祝动作太深入人心了。

如此貌不惊人的平民射手，如此简单甚至单调的庆祝形象，却能永留英超史册，阿兰·希勒绝不是一个像他外貌一样普通的平凡人。在英超历史射手榜上，他以巨大优势将最佳射手的荣誉保持至今，260个英超进球有如一面高高在上的旗帜让后人仰望，那标志性的重炮轰门一直都停留在球迷的记忆中。

希勒15岁时走出家乡纽卡斯尔，之后经历了多年的漂泊。他从英格兰最北部来到了最南端，在有巨星加工厂之称的南安普敦青训营接受锤炼，并在这里崭露头角。

1992年英超元年，希勒曾被弗格森看中，差一点加盟曼联，但他最终还是被正在金元政策下崛起的布莱克本队招至麾下，360万英镑的转会费创造了当时的英伦纪录。在布莱克本，希勒遇到了自己的第一个黄金搭档——克里斯·萨顿，两人在1994/1995赛季的英超中威风八面，希勒以34粒进球成为当赛季最佳射手。

赛季最后一轮，布莱克本力压英超霸主曼联，夺得了俱乐部历史上的第一座英超奖杯，也是他们81年来的首座顶级联赛冠军奖杯。在英超历

∧ 希勒标志性的庆祝姿势早已深入人心,图为 1997 年 4 月 5 日,希勒在纽卡斯尔同德比对手桑德兰的比赛中攻入一球。加盟纽卡斯尔联队的首个赛季,希勒以 25 球实现英超金靴三连庄。

∨ 1994/1995 赛季,布莱克本队一分优势力压曼联夺得英超冠军。希勒同萨顿的 SAS 组合威风八面,希勒以 34 球拿到英超金靴,萨顿也有 15 球进账。

史上，布莱克本的夺冠神话仅次于 2016 年的莱斯特城奇迹，注定要被永载史册。在埃伍德公园球场，希勒春风得意，展露着年轻人特有的骄傲，畅想着自己更辉煌的未来。当时一定不会有人想到，在布莱克本赢得的这座英超奖杯竟是希勒职业生涯唯一的一个冠军。

此后，希勒有了第二次加盟曼联的机会，甚至比第一次更为接近，但布莱克本拒绝放他去老特拉福德，他再次与红魔擦肩。错失希勒后，曼联选择的替代者是当时名不见经传的索尔斯克亚，挪威前锋日后成为了曼联传奇。最终，希勒回到了自己的家乡，穿上了家乡球会纽卡斯尔联队的战袍，那是在 1996 年夏天。

1996 年是希勒球员生涯中的一个重要年份。那一年，"足球回家"的口号承载着英格兰足球重回巅峰的美好愿景，家门口作战的三狮军团誓要在欧洲杯中夺冠。那是英格兰队最好的时代，希勒和谢林汉姆的锋线组合十分默契，中场加斯科因也不时有天才表演，他挑过亨德利凌空抽射破门的一幕令人记忆犹新。

在主帅维纳布尔斯的率领下，英格兰队击败宿敌苏格兰，又 4 比 1 大胜橙衣军团荷兰，以不可阻挡之势从小组中杀出重围。1/4 决赛点球淘汰西班牙队之后，英格兰和老冤家德国相遇在半决赛。虽然希勒开场仅 3 分钟就先拔头筹，但昆茨的进球还是让这场半决赛进入到点球大战。令人窒息的点球决战有如轮盘赌，希勒第一个出场，稳稳命中。英格兰队前 5 轮主罚弹无虚发，打出了三狮军团大赛中少见的点球命中率，但德国队同样 5 罚 5 中。第 6 轮出场的英格兰中卫索斯盖特成为了失意者，他将点球踢丢。

在穆勒有如雄鸡报晓般的庆祝动作下，英格兰人的内心写满了遗憾。三狮将士始终无法释怀，30 年前同一座球场内的胜利光环仍然只属于他们的前辈，而非他们。尽管希勒以 5 粒进球成为最佳射手，但半决赛出局的命运终究让"足球回家"成为一句无法兑现的口号。

正是在这个有些悲情的夏天，希勒回家了，纽卡斯尔联队以创纪录的 1500 万英镑的转会费迎回了他们的孩子。希勒出生在纽卡斯尔，此前却从未有为家乡球队效力的机会。在上个赛季中，纽卡斯尔在一度领先 12

︿ 1996年欧洲杯小组赛,英格兰队 4 比 1 大胜荷兰,希勒和谢林汉姆这对锋线搭档双双梅开二度。

﹀ 1998年世界杯 1/8 决赛,英格兰同阿根廷上演经典大战,希勒利用点球将比分扳为 1 比 1 平。这场英阿大战故事很多,欧文一球成名,贝克汉姆染红下场,两队 2 比 2 战平后进入点球决战,英格兰队遗憾出局。

△ 2005 年 9 月 18 日，纽卡斯尔联队客场 3 比 0 完胜布莱克本，锋线组合希勒和欧文各建一功。欧文这个赛季刚刚加盟纽卡斯尔，与国家队好友希勒在俱乐部实现合体。

分的巨大优势下错失英超冠军，他们希望希勒的加盟能改变历史。

希勒的确做到了极致，他连续第三个赛季拿到英超金靴，但纽卡斯尔却再次屈居亚军，那也是希勒走出布莱克本后最接近联赛冠军的一次。之后，由于整体竞争力下降，纽卡斯尔从顶尖球队迅速沦落为中游，与曼联争霸的接力棒也被交接到阿森纳手中，他们在英超版图中只能默默地退居一隅。

在俱乐部层面，这位英超史上最伟大的射手其实从未效力过真正的豪门，以至于很多人回忆希勒的职业生涯时，竟一时想不起他也曾是英超冠军得主。希勒的国家队生涯同样缺少荣誉，他的巅峰期正值英格兰队踢法最赏心悦目的年代，但无论是在 1996 年欧洲杯还是 1998 年世界杯，他们都在奉献了经典名局后悲壮离场。

在度过自己打法最华丽的年代后，这支英格兰队渐渐走向平庸，2000 年欧洲杯是他们最后的挣扎，也是希勒一代最后的表演。接到贝克汉姆精准的长传球后，希勒头球砸开了德国队的大门，那是英格兰队自 1966 年世界杯决赛后首次战胜宿敌德国。可惜这场历史性的胜利并未让三狮军团走得太远，他们最终小组出局。队长希勒在 30 岁的年纪就告别了国家队，虽无冠军相伴，但留下了 63 场 30 球的高效成绩单。

希勒坦言，是伤病阻碍了他在俱乐部和国家队的齐头并进，二者之间，他必须做出选择。在纽卡斯尔，希勒依然能奉献他标志性的超级重炮，对阵埃弗顿，他禁区前不停球直接凌空轰门，打进了个人职业生涯的最佳进球。2003 年，他还创造了当时英超史上第二快的闪电进球，10.52 秒攻破曼城球门的一幕至今仍令人津津乐道。2006 年 4 月，当希勒攻破死敌桑德兰队的大门，这成为了他职业生涯的最后一球，他的英超总进球数定格在了 260 球，这一纪录至今无人可及。

绿茵场上的希勒悄然离去，他在电视屏幕上再度归来，当他和莱因克尔在足球节目中侃侃而谈，有多少人会从这两张有些沧桑的脸上看到他们昔日的风采呢？两代英格兰足球的伟大射手终于坐在了一起，他们曾承载着三狮军团复兴的希望，他们都曾接近成功，以大赛最佳射手的成绩助推英格兰足球，他们又都是失意者，倒在了距离成功咫尺之遥的地方。

当英超风云再起，又一代射手展开激烈角逐，每当他们做客英格兰足球的最北方，圣詹姆斯公园球场外的那尊雕像都会提醒他们，这个单手向前高高举起的经典形象，正是他们追逐的方向。

> 2000 年欧洲杯小组赛第二轮，英格兰队凭借希勒的头球破门 1 比 0 击败德国，结束了长达 34 年逢德不胜的尴尬历史。

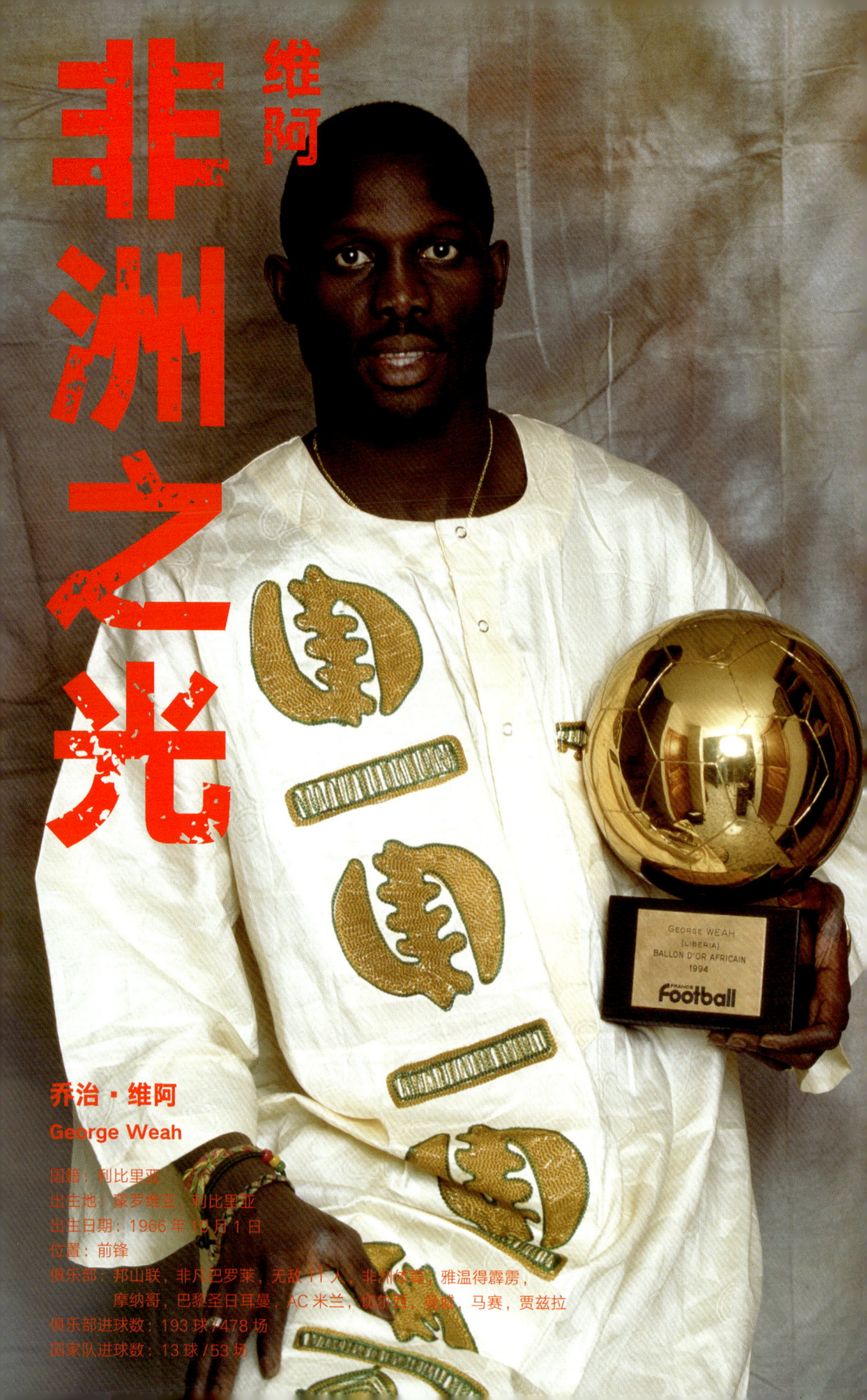

非洲之光
维阿

乔治·维阿
George Weah

国籍：利比里亚
出生地：蒙罗维亚，利比里亚
出生日期：1966年10月1日
位置：前锋
俱乐部：邦山联，非凡，巴罗莱，无敌11人，非洲体育，雅温得霹雳，摩纳哥，巴黎圣日耳曼，AC米兰，切尔西，曼城，马赛，贾兹拉
俱乐部进球数：193球 / 478场
国家队进球数：13球 / 53场

总有一首歌，能让你想起他

>>>

歌名：This Is What It Feels Like
歌手：Armin van Buuren

2018年9月11日，利比里亚首都蒙罗维亚。

这是值得纪念的一天，在利比里亚与尼日利亚队的友谊赛中，51岁的利比里亚总统乔治·维阿披挂上阵。这场比赛，是这位前世界足球先生、金球奖得主的正式告别赛。虽然这是一场迟到很久的告别赛，那时的维阿已经告别世界足坛15年，但比赛现场依然盛况空前。

人们不会忘记，这位仍身披利比里亚14号战袍、戴着队长袖标的人，就是这个国家历史上最伟大的英雄。如今，这位英雄的身份已经发生了转换，投身政坛的乔治·维阿正用自己球员时代所洒下的那缕非洲之光，继续照耀着这片急需得到温暖的土地。

告别赛后，维阿的14号球衣被高高挂起，这个号码，从此从利比里亚国家队永久退役。当年，正是这个号码的主人，让世界上更多的人熟悉了利比里亚这个国家。

1988年，21岁的乔治·维阿带着青涩的笑容第一次走出非洲，被时任法甲摩纳哥队主帅温格带到了欧洲，教授慧眼识珠，让维阿的天赋在更大的舞台上得到了充分释放。

在摩纳哥，维阿以一系列集体荣誉和个人荣誉成为了法甲令人瞩目的一颗新星，对于维阿来说，温格的指引就是他成长道路上最重要的一环。1995年，在维阿获得世界足球先生的颁奖典礼上，他特邀恩师温格出席，并且第一次在世人的瞩目下展现了两人之间伟大的情谊："温格就像我的父亲一样，他不仅仅是我的教练，我在摩纳哥学到的每一件事，他都做出了很好的榜样。是他，让我成为了更好的人。"

讲出这番话时，维阿已成为了AC米兰队的一员。经历了摩纳哥时代的初出茅庐，他又在3年的巴黎圣日耳曼时光中奉献了非凡的表演，并在巴黎第一次拿到了欧洲五大联赛的冠军奖杯。1994/1995赛季，维阿更是在欧冠

△ 1994 年 9 月 14 日，欧冠小组赛第一轮，巴黎圣日耳曼队主场 2 比 0 击败拜仁慕尼黑，维阿攻破了卡恩的球门。那个赛季，维阿以 7 粒进球成为欧冠最佳射手，并帮助球队闯入四强。

赛场大放异彩，他以 7 粒进球夺得了赛事金靴，其中对阵拜仁慕尼黑时连过数人的精彩进球为他赢得了更多的赞誉，也为他打开了一扇足球生涯中更为广阔的大门。

意甲联赛当时人称小世界杯，亚平宁半岛正是维阿的下一个目的地，也是他足球人生最重要的驿站。在经历了荷兰三剑客时代的无尽辉煌后，AC 米兰迎来了维阿，也终于迎来了范巴斯滕的接班人，圣西罗球场期待着这颗黑珍珠能为红黑军团再续辉煌。

意甲处子秀，维阿仅用了 7 分钟就打进了自己的处子进球，这堪称完美的开局预示着他米兰生涯的光辉。他很快成为了 AC 米兰的头号射手，以强壮的身体、超凡的速度和美妙的技术不断为米兰摧城拔寨。1995/1996 赛季对阵拉齐奥的比赛中，维阿在终场前 3 分钟奉献完美表演，只见他连续过掉对方 3 名球员，以一己之力长途奔袭杀出重围，打进精彩一球。这一球，让当时的维阿成为了亚平宁赛场上令人闻风丧胆的锋线杀手。

正是凭借自己初登意甲的惊艳表现，以及在巴黎圣日耳曼时期个人和集体荣誉爆棚的收获，维阿在 1995 年底成功囊括了非洲足球先生、欧洲金球奖和世界足球先生的殊荣，成为迄今为止唯一一位在同年包揽这三项大奖的球员，也是金球奖改制后第一位拿到金球奖的非欧洲籍球员。从这个角度来看，如果说喀麦隆球星米拉 1990 年世界杯让非洲足球第一次赢得了应有的尊重，那么 5 年后，则是维阿让非洲足球的光芒第一次真正闪耀在了世界足球的巅峰。

带着世界第一人的荣誉，维阿在 1996/1997 赛季意甲首轮中奉献了更为惊人的表演。对阵维罗纳的比赛中，维阿从本方禁区附近得球，长途奔袭达 80 米，其间以出色的爆发力和精湛的技巧晃过了对手整条防线。皮球入网的一刻，这个进球也被载入史册，这是维阿职业生涯中最著名也是最精彩的一球，这个进球的影响力和知名度，甚至大于他捧起世界足球先生奖杯的时刻。

⋏ 1996 年 1 月 7 日，在 AC 米兰主场迎战桑普多利亚的意甲联赛前，维阿向圣西罗的米兰球迷展示自己赢得的金球奖奖杯。

⋏ 1996/1997 赛季意甲首轮，维阿在同维罗纳的比赛中奉献惊世表演，他从本方禁区附近得球，长途奔袭达 80 米后打进精彩一球。

▲ 在利比里亚国家队，维阿是毋庸置疑的场上队长及精神领袖。图为 2001 年 2 月 24 日，他同队友们备战世界杯预选赛。

　　在 AC 米兰，维阿留下了两座意甲冠军奖杯，虽然与当年称霸欧洲、称雄世界的红黑时代还无法相比，但维阿时代的米兰同样令人怀念。在他之后，乌克兰"核弹头"舍甫琴科接过大旗，率领 AC 米兰开启了新一轮的复兴之路。维阿则在告别米兰之后转战切尔西、曼城、马赛等地，继续用非洲第一人的故事影响着代代后来者们。

　　当然，无论怎样征服欧洲、征服世界，维阿这道黑色闪电终究是属于非洲的光芒，他最大的遗憾始终是没有把利比里亚国家队带到世界杯的赛场。1997 年，战乱中的利比里亚秋风萧瑟，维阿甚至自己出资组建了国家队，并一人身兼数职，以教练、球员和技术主管的多重身份带领利比里亚队艰难前行。

　　在维阿的思想中，他要竭力改变世人对利比里亚野蛮并且充斥着战争的固有印象，要用足球为利比里亚人带来希望。维阿的努力差一点结出硕果，在 2002 年世界杯非洲区预选赛中，维阿领衔的利比里亚队力战各路豪强，一直奋战到最后一轮，最后仅以一分的微弱差距与世界杯决赛圈无缘。这是他们最接近梦想的一次，只是那一次，已无限燃起的希望最终还是被失望浇灭。

2003 年乔治·维阿告别足坛之后，他作为足球巨星的风云年代暂时画上了句号，但作为一个从战火中走出的孤胆英雄，他立志要用更大的成就回馈利比里亚人民。维阿勇敢地投身政坛，在经历了 3 次总统大选后，他终于在 2017 年成功当选为利比里亚总统。正如他的竞选口号"为希望而改变"所说的那样，维阿和他的利比里亚也正在为希望而战。

维阿是历史上第一位球员出身的总统，在就职宣言中，他反复强调："我们今天好像都身穿利比里亚队服一样，胜利终将属于我们，属于利比里亚人民！"首都蒙罗维亚体育场内的欢呼声经久不息。

曾经，球员维阿的使命从这里开始，球员的使命结束了，他让世人认识了利比里亚；如今，总统维阿的使命从同一个地点开始，他要让人们见证一个和平、崭新的利比里亚，始终在希望中奋进，始终在希望中前行。就像当年的自己一样，始终用闪电般的速度和力量，去诠释属于利比里亚的非洲之光。

优雅「黑天鹅」
里杰卡尔德

弗兰克·里杰卡尔德
Frank Rijkaard

国籍：荷兰
出生地：阿姆斯特丹，荷兰
出生日期：1962年9月30日
位置：中场
俱乐部：阿贾克斯，里斯本竞技，萨拉戈萨，AC米兰
俱乐部进球数：98球/540场
国家队进球数：10球/73场

总有一首歌，能让你想起他

>>>

歌名：Into the Fire
歌手：Thirteen Senses

"又是范巴斯滕，吊门，打在球门的立柱上！头球攻门，漂亮！8号里杰卡尔德一个漂亮的鱼跃前冲，真像是小鲤鱼跃龙门一样，里杰卡尔德二显神威。"这段经典的解说，出现在1990年12月9日的丰田杯赛中。当年，千万中国观众通过中央电视台的转播记住了这条"鱼跃前冲、二显神威的小鲤鱼"——里杰卡尔德。或许，一群人对于一个人的共同记忆，就是一场永无完结的青春，里杰卡尔德对于很多球迷而言恰是如此。

事实上，这条灵动的小鲤鱼当时已在世界足坛赫赫有名，"黑天鹅"的名号更是威名远扬，他身姿轻盈，灵动优雅，是攻防一体的完美后腰。那是一个属于AC米兰的黄金时代，荷兰三剑客正如日中天。1988年，范巴斯滕、古利特、里杰卡尔德三人分列金球奖前三名，来自同一国家且同一俱乐部的球员包揽金球奖TOP3，这在金球奖历史上是第一次也是迄今为止唯一一次。在这三个伟大的名字中，里杰卡尔德比不上范巴斯滕的进球如麻，也比不了古利特的领袖担当，他似乎是生活在这两个伟大名字下的"千年老三"。但是，如果你亲眼见证过当年的米兰王朝，你一定会说，这个所谓的"千年老三"绝对是不可或缺的球队脊梁。

似乎一切天才的成长路径都不离开两个关键词：天赋与磨难。天赋是上帝的恩赐，如果没有异于常人的天赋，勤奋也很难把你带到最闪耀的中心舞台。里杰卡尔德很幸运，只要你看过他的修长身姿，你就会明白他简直就是天赋的代名词。这也是为什么在17岁那年，他就可以代表阿贾克斯在顶级联赛的舞台亮相，这也是为什么克鲁伊夫当年会说这个大个子是荷兰足球未来的财富。

但拥有天赋并不意味着一定拥有未来，生涯初期，这个少言寡语的中后卫似乎总给人一种缺乏意志的观感。1982年，阿贾克斯在冠军杯首轮就被凯尔特人淘汰出局，时任阿贾克斯主帅德莫斯在球队大巴上放出狠

▲ 里杰卡尔德身姿轻盈，灵动优雅，是攻防一体的完美后腰，"黑天鹅"的名号威名远扬。

话："如果像里杰卡尔德这样踢球，你们赢不下任何一场'战争'！"

这是撂给全队的一句狠话，更是一句针对里杰卡尔德的羞辱。这句荷兰足球圈人尽皆知的名言几乎让里杰卡尔德名声扫地，阿贾克斯甚至一度想把他卖给其他球会，但却无人问津。面对如此困境，里杰卡尔德只能依靠自己。最终，德莫斯的羞辱成为了鞭策"黑天鹅"成长的妙药。3个荷甲冠军、3个荷兰杯冠军、1个欧洲优胜者杯冠军，这是里杰卡尔德转投米兰前留给阿贾克斯的冠军礼物。

在里杰卡尔德生命里，1988年绝对是最重要的一个年份。正是那一年，三剑客并肩作战，拿到了荷兰足球截至目前唯一一个大赛冠军。那个夏天，人们记住了范巴斯滕的零度角世界波，记住了辫帅古利特的潇洒风姿，但就像传奇主帅米歇尔斯后来所说的那样，"那届比赛，里杰卡尔德和科曼的中卫组合是我们赢得一切的保障。"

但遗憾的是，这个星光熠熠的冠军班底没有在1990年的意大利之夏再造巅峰。里杰卡尔德与沃勒尔之间的冲突让两人双双被罚下，走下场时，荷兰人用口水偷袭了沃勒尔。里杰卡尔德说，那是他职业生涯最愚蠢的一个瞬间。荷兰球迷说，如果里杰卡尔德不被罚下，被淘汰的将是德国人。但历史从来不相信如果，里杰卡尔德曾经将欧洲杯揽入怀中，却永远无法与大力神杯紧紧相拥。

还是让时光回到最让人留恋的1988年吧，正是这一年的夏天，里杰卡尔德正式加盟AC米兰。米兰主帅萨基笃信，他得到了征服欧洲的最后一块冠军拼图。里杰卡尔德的到来终于让三剑合璧，荷兰三剑客在红黑军团并肩作战。其实在转会进程中，AC米兰主席贝卢斯科尼曾经摇摆不定，但范巴斯滕和古利特的不断游说让固执的贝卢斯科尼坚定了信念。人生一世，往往知音难觅，但这三位时代骄子却在最好的年华遇到了最好的彼此，也成就了最好的彼此。这是他们的人生幸事，也是每个亲历者的幸事。

正是在米兰，战术大师萨基把中后卫里杰卡尔德创造性地固定在了后腰位置上，这一变动彻底激发了荷兰人的全部潜能。能上能下，能抢能突，里杰卡尔德串联起了米兰王朝的一个个冠军棋子，让全盘皆活，萨基

让里杰卡尔德完美蜕变成一名极具攻击性的世界级后腰。

米兰的王朝故事已经无需多言。面对尤文图斯的凌空扫射，对阵佩斯卡拉的倒挂金钩，射杀"红狼"的小角度抽射，丰田杯上的小鲤鱼跃龙门……这些经典时刻无不提醒全世界的球迷"黑天鹅"是一个怎样的绝世天才。

1988/1989赛季冠军杯决赛，里杰卡尔德与范巴斯滕心有灵犀，前者的绝妙直塞让范巴斯滕打入了彻底杀死比赛的进球，红黑军团4比0大胜哈吉领军的布加勒斯特星，时隔20年再捧冠军杯桂冠。一年之后，范巴斯滕投桃报李，里杰卡尔德成为了冠军杯决赛的绝杀英雄，AC米兰1比0力克本菲卡成功卫冕。在那个属于米兰的冠军时代里，里杰卡尔德登峰造极。

打造了米兰盛世，经历过灿若星河的58场不败之后，里杰卡尔德倦鸟归林，回到了母队阿贾克斯。谁都没有想到的是，在职业生涯暮年，他带领着阿贾克斯青年近卫军闯入1994/1995赛季的欧冠决赛，站在他对面的对手正是AC米兰。这一天，里杰卡尔德为一个18岁的少年

◁ 在里杰卡尔德生命里，1988年绝对是最重要的一个年份。那一年，三剑客并肩作战赢得了欧洲杯冠军，这是"无冕之王"荷兰队截至目前唯一一个大赛冠军。

∧ 1990 年世界杯 1/8 决赛上演德荷大战，里杰卡尔德与沃勒尔之间发生冲突让两人双双被罚下，走下场时，荷兰人用口水偷袭了沃勒尔。里杰卡尔德说，那是他职业生涯最愚蠢的一个瞬间。

∨ 1989/1990 赛季欧冠决赛，里杰卡尔德打进全场唯一进球，AC 米兰 1 比 0 小胜本菲卡蝉联冠军。

里杰卡尔德　优雅"黑天鹅"　　　　　Frank Rijkaard

▲ 在职业生涯暮年,里杰卡尔德回归母队阿贾克斯。1994/1995赛季,他率领这支青年军击败AC米兰夺得欧冠冠军,决赛中克鲁伊维特攻入的制胜球正是来自他的助攻。

献上了助攻,克鲁伊维特一球成名,里杰卡尔德收获了他人生中的第3座欧冠奖杯。还有比这更完美的告别方式吗?赛后,久经沙场的"黑天鹅"洒下热泪,带着无憾的结局功成身退。

里杰卡尔德对于足球的认知,如同霍金对于黑洞的认知那般深邃,就像光线永远无法逃离黑洞,足球永远无法逃避里杰卡尔德。还记得德莫斯当年对里杰卡尔德撂下的狠话吗?——"如果像里杰卡尔德这样踢球,你们赢不下任何一场'战争'!"但是,当里杰卡尔德离开足球的时候,除了世界杯,他几乎赢得了可以赢得的一切。退役之后,他又亲手缔造了巴塞罗那的"梦二"王朝,小罗在他的手下称霸世界,梅西在他的手下走上了称霸世界的起点。

好吧,德莫斯还是错了,错得彻彻底底,无以复加。

总有一首歌，能让你想起他

>>>

歌名：You Are the Reason
歌手：Calum Scott

"是的！如果莱斯特城赢得英超冠军，下赛季第一期《比赛日》节目，我就穿内裤主持。"

这是足球世界中最疯狂的赌注之一。2015 年 12 月 15 日，英国广播公司（BBC）老牌足球节目《比赛日》主持人莱因克尔立下这番誓言时，开玩笑的成分显然更大，他那时肯定想不到，这番赌注最终有成真的一天。

几个月后，英格兰足坛诞生了世界足球史上最不可思议的奇迹之一，莱斯特城队加冕 2015/2016 赛季英超冠军，写下了一段无所畏惧的童话。莱因克尔兑现诺言，在《比赛日》节目中赤裸上身，以一条莱斯特城队的运动短裤亮相。尽管很多人质疑莱因克尔，认为运动短裤不是内裤，但毫无疑问，这已经是人称"足球绅士"的莱因克尔所做过的最不"绅士"的一件事了。

莱因克尔之所以如此放飞自我，是因为他是一个土生土长的莱斯特男孩。在家乡球队 132 年的历史上，这是他们首次夺得英格兰顶级联赛冠军，而在赛季前的夺冠赔率榜上，莱斯特城的夺冠赔率只是"礼节性的"1 赔 5000。奇迹、神话、无与伦比——2016 年的夏天，这些词汇一直伴随着莱斯特城，被人永久铭记。

年轻一代的球迷看到这个活跃在电视屏幕上的主持人时，熟悉的只是他绅士般的面孔、抑扬顿挫的语调和风趣幽默的风格，却很难真正领会到，他们面前的这名主持人是英格兰足球史上最伟大的射手之一。

莱因克尔的足球生涯正是起步于家乡球队莱斯特城，他是莱斯特青训出身，曾代表一线队奋战 7 个赛季，打入 103 球，但没有获得联赛或杯赛的冠军头衔。之后，他连续转战埃弗顿、巴塞罗那和托特纳姆热刺，曾 5 次拿下杯赛冠军，3 夺联赛最佳射手，但还是与联赛冠军无缘。2016 年，

▲ 2016年7月19日,在莱斯特城同牛津联队的热身赛前,莱因克尔高举莱斯特城赢得的英超奖杯。自己的母队书写蓝狐童话后,莱因克尔多年的联赛冠军梦终于得以安放。

在母队莱斯特城书写蓝狐童话后,莱因克尔多年的联赛冠军梦终于得以安放,只不过,他早已不是当年那个叱咤风云的超级射手了。

"足球绅士"是莱因克尔最重要的标签,那是因为在他漫长的职业生涯中,他不但从未吃过红牌,就连一张黄牌都没得过,这简直是一项常人难以企及的纪录,国际足联为此还特意给他颁发了公平竞赛奖。

在莱因克尔的职业经历中,他也曾留下过诸多金句,莱斯特城夺冠名言是他近年来最著名的一例。再久远一些,他还有另一句名言传播至今:"足球是一项很简单的运动,就是22个人在90分钟内追着一个皮球,到最后德国人取胜的游戏。"

让时光回转到30年前,1990年意大利之夏,世界杯大战的硝烟弥漫

莱因克尔　绿茵绅士

△ 1986 年夏天，莱因克尔从埃弗顿转会至巴塞罗那。效力的 3 个赛季，他帮助球队赢得过国王杯及欧洲优胜者杯冠军。

▲ 1991年5月18日，托特纳姆热刺队在足总杯决赛中2比1击败诺丁汉森林夺得冠军，莱因克尔同队友马布特（左）及豪厄尔斯（中）举杯庆祝。

在亚平宁半岛。那场胶着无比的半决赛，英格兰队凭借莱因克尔的关键进球把实力强大的联邦德国队逼进了点球大战，但皮尔斯和瓦德尔先后射失点球，24年来最接近世界杯冠军的一支英格兰队折戟沉沙。赛后，无奈又不甘的莱因克尔说出了上面那句自嘲的话，从此传为经典。

那场比赛的进球是莱因克尔在世界杯中的最后一球，虽然没有赢下德国人，但他和那支三狮军团在1990年世界杯上的表现已近乎完美。莱因克尔个人打进4球，从而以两届世界杯10粒进球的成绩，成为英格兰在世界杯上的最佳射手，这个纪录保持至今。

莱因克尔的另外6个世界杯进球发生在1986年的墨西哥，那是25岁的他第一次亮相世界杯赛场。身披三狮军团10号战袍的他包揽了球队全部7粒进球中的6粒，以一个超级射手的姿态向世界发出霸气宣言，他也成为了第一个赢得世界杯金靴的英格兰球员。

只是天不遂人愿，在如此出色的莱因克尔面前，一个更伟大的名字最终主宰了一切。那一天，发生在阿兹台克球场内的两幕场景让莱因克尔此生难忘。在那场传奇的 1/4 决赛英阿大战中，虽然莱因克尔打入一球，但马拉多纳先后上演了"上帝之手"和"连过五人"，抢去了所有的头条。这是对那个时代最近距离的回忆，马拉多纳几乎凭借一己之力率领阿根廷队捧起大力神杯，莱因克尔则带着 6 粒进球穿走金靴。

4 年后的意大利，在那支点球惜败联邦德国队的三狮军团阵中，已近 30 岁的莱因克尔继续扮演着先锋的角色。即便是横空出世的普拉特，即便是被称作英格兰足球不世出天才的加斯科因，也没能掩盖莱因克尔的光环。虽然最终与金杯无缘，但荣耀和泪水，都停留在了那个令人难忘的都灵之夜，那也是英格兰足球再度引起世人尊敬的一天。

可惜那支英格兰队的光芒没能持续太久，他们在 1992 年欧洲杯上小组赛阶段即宣告出局。对阵瑞典的第 3 场小组赛，莱因克尔在第 64 分钟被主帅格拉汉姆·泰勒换下场，谁能想到，这竟成了他在英格兰队的告别时刻。

遗憾的是，他为三狮军团出战 80 场，打进 48 球，距离博比·查尔顿的英格兰队历史总进球纪录仅差一球。在莱因克尔之后，这项纪录历经几代射手，多年未有人接近，直到 2015 年才被鲁尼打破，而那时的莱因克尔，早已是英国家喻户晓的体育节目主持人了。

又一代的英格兰少年看着莱因克尔的节目长大，伴随着《比赛日》那熟悉的片头曲，这个风度翩翩的足球绅士走入万千家庭，向世界宣传英超。不过，在莱因克尔自己的球员生涯中，他从未在英超效力。1992 年 5 月，就在英超联赛成立前的 3 个月，他结束了在英格兰的足球生涯，远赴日本的名古屋鲸八队，并最终在那里正式挂靴。

英格兰足球的一代伟大射手，将世界杯的 10 粒进球和数不尽的精彩回忆留给三狮军团，任一代代后来者们追赶，他在英格兰足坛的重要地位，从来不会随着时间的变迁而褪色。

那些年，我们一起追的球星 III

莱因克尔　绿茵绅士

这就是加里·莱因克尔,老一代球迷心中的传奇巨星,新一代球迷心中的电视主持人,在更新一代的球迷眼里,他或许还是那个著名的头号"梅吹",看看他最经典的梅吹语录:"梅西让我意识到,当初的我就是一坨屎!"

不过,无论何种身份转换,莱因克尔自始至终都是那个活跃在球场内外的足球绅士,用他的球技,用他的口才,给足球世界留下属于自己的印记。

他走在今日的王权球场外,环绕四周,那蓝色的英超冠军旗帜仍在高高飘扬;他转过身,已是40年倏忽而过,那个莱斯特城走出的小小少年,内心依旧驻守着当初的梦想。

◁ 1986年世界杯小组赛,莱因克尔在同波兰队的比赛中上演帽子戏法。他在这届世界杯上总共打进6球,荣膺金靴奖。

巴雷西
一生红黑

弗朗哥·巴雷西
Franco Baresi

国籍：意大利
出生地：特拉瓦利亚托，意大利
出生日期：1960年5月8日
位置：清道夫
俱乐部：AC米兰
俱乐部进球数：33球/719场
国家队进球数：1球/81场

总有一首歌，能让你想起他

>>>

歌名：Silhouette
歌手：Owl City

  米兰城的红黑色是足球世界的经典配色，如果红色代表激情、果敢、勇者无畏，那么黑色则指代坚韧、严肃、忠心耿耿。符合上述特点的米兰功勋，很多球迷脑海中立即浮现出的会是世袭传承的马尔蒂尼家族，但我们同样不能忘记另一个伟大的名字——弗朗哥·巴雷西。

  从 1978 年参加第一场比赛，到 1997 年夏天正式宣布退役，巴雷西把近 20 年的职业生涯全部献给了 AC 米兰。对于很多 90 后、00 后的年轻球迷而言，巴雷西存在于足球世界的上古时代。其实在那个时代里，还有很多伟大的名字：马拉多纳、普拉蒂尼、济科、鲁梅尼格、弗朗西斯科利……他们都是赫赫有名的攻击手，但若在后防线上斟酌挑选，能和巴雷西比肩者凤毛麟角。他是一颗沉默的定海神针，他在那里，四海平波，他若不在，龙宫大乱。

  有人说巴雷西是继贝肯鲍尔之后的世界第一清道夫，此言不虚。20 世纪八九十年代，意大利足球的链式防守风靡全球，而作为锁链中的关键一环，清道夫位置的人选至关重要，巴雷西就是最好的那一个。

  作为意大利传统中卫的高阶代表，巴雷西是很多后辈仰视的传奇人物。包括马尔蒂尼、内斯塔、科斯塔库塔以及卡纳瓦罗在内的诸多名将，都把巴雷西的防守当作模仿学习的教科书。他们关注的不仅是巴雷西的防守意识和技术，还包括他的球场性格——谦逊敦厚，很少放铲，对野蛮动作嗤之以鼻。巴雷西防守往往凭借的是他过人的预判和精准的卡位，这是经验的直接体现，也是足球智慧的闪光。

  球场上的巴雷西不苟言笑，似乎总是那么冷峻，但能成为大师的人一定是有性格的人，并且往往能将性格和天分变得浑然一体，用伟大的灵魂支配身体，用强悍的身体支撑灵魂。巴雷西就是这样的人，你可以击败他，但你永远无法征服他。

➤ 1979/1980 赛季米兰德比，朱塞佩·巴雷西同弗朗哥·巴雷西兄弟俩各为其主。巴雷西兄弟分列死敌阵营，成就了意大利足坛的一段佳话。

在 AC 米兰绵延百年的红黑史话中，真正能被标注为传奇者其实并不多，但一定不能少了弗朗哥·巴雷西。弗朗哥·巴雷西有一个年长两岁的哥哥朱塞佩·巴雷西，兄弟二人同在米兰城征战，只不过，哥哥朱塞佩选择的是蓝黑色的国际米兰，兄弟俩分列死敌阵营也是意大利足坛的一段佳话。

其实，在加盟 AC 米兰之前，弗朗哥·巴雷西 14 岁那年曾追随哥哥的脚步前往国际米兰试训。这和信仰无关，单纯就是为了和长兄团聚而已。但国际米兰的教练们认为弗朗哥作为防守球员身材矮小，前途难料，所以狠心弃绝。他们哪里想得到，这个少年老成的小个子之后将自己的一生同米兰城的另一支球队捆绑在了一起，并在那里成为了 20 世纪中后期世界足坛最佳卫将。

巴雷西在 AC 米兰队史中究竟占据着多高的地位？先不说他赢得的 3 次欧冠冠军、6 次意甲冠军和 2 次丰田杯冠军，他对米兰的忠诚已经融入了他的血液。1980 年，红黑军团因为假球案被降入乙级，众星纷纷弃船而去各奔前程，唯有巴雷西留了下来，陪球队度过了昏暗无光、起起伏伏的 3 个赛季，从废墟中浴火重生。

也是在此期间，他接过了队长袖标，之后的 15 年里，AC 米兰的队长袖标再未易主。直到巴雷西退役的那天，他亲自将袖标戴在了马尔蒂尼的手臂上，完成了两代队魂间的精神传承。

在巴雷西身披红黑战袍的 20 年里，上面提及的那些伟大名字都曾与他同场竞技，也都品尝过巴雷西磐石一般的防守，他天生的领袖气质也感染着身边一代又一代的米兰球员。马尔蒂尼曾经说过，自己对 AC 米兰的情感有一半来自父亲的影响，另一半就是被巴雷西的忠直所打动。巴雷西终老米兰的那一天，他的 6 号球衣被俱乐部永久封存，巴雷西的名字成为了百年红黑的永恒旗帜。

除了在 AC 米兰名垂青史，巴雷西的国家队生涯同样充满传奇。1982 年，年仅 22 岁的他就得到了"烟斗教练"贝阿尔佐特的征召，随意大利国家队出征西班牙世界杯。不过，在蓝衣军团登顶的过程中，年轻的巴雷西没有得到哪怕 1 分钟的出场时间，是实实在在的"躺冠"。

1990 年意大利之夏，已是国家队中坚力量的巴雷西领衔后防线，5 场零封对手。半决赛同阿根廷的点球大战，巴雷西第一个出场罚进点球，他就是这样一个勇于承担责任的人。而且，他的点球风格和他的性格一样，没有任何修饰造作，直来直去，纵使扑点专家戈耶切亚猜对了方向也无济于事。只可惜意大利最终还是饮恨出局，那届大赛，巴雷西一举奠定了他在蓝衣军团的重要地位。

4 年之后的美国世界杯，巴雷西接过了贝尔戈米的队长袖标，成为了意大利队的精神领袖。对于那届世界杯，可能所有人都记得玫瑰碗球场的艳阳正午，那是世界杯历史上第一次通过点球大战决定冠军归属。

那场火热的决赛中，罗伯特·巴乔的忧郁背影成为了旷世经典，每每视之都令人心碎。巴雷西同样也是那场决战的悲情英雄，站在点球点前，一向坚不可摧的他少有地出现了力不从心的表情。不过，这份疲惫的背后

⋀ 1989 年 12 月 17 日，AC 米兰在丰田杯赛中迎战哥伦比亚的麦德林民族队，红黑军团凭借埃瓦尼第 119 分钟的进球 1 比 0 小胜，同巴雷西一起举杯庆祝的是马萨罗、安切洛蒂和卡罗比。对那个年代的中国球迷来说，每年年底守在电视机前收看丰田杯直播真像过节一样。

⋁ 1 比 0 击败本菲卡夺得 1989/1990 赛季欧冠冠军后，AC 米兰队长巴雷西从时任欧足联主席约翰松手中接过冠军奖杯。

△ 1994年世界杯决赛，巴雷西用无懈可击的防守让桑巴军团的王牌射手罗马里奥整场都碌碌无为。

却写满了巴雷西的坚毅。

　　对阵挪威的第二场小组赛，巴雷西因为膝盖十字韧带受伤被迫离场，队医当时的诊断是必须手术。巴雷西想要回来，除非意大利队打进决赛。为了缩短康复时间，34岁的巴雷西决定不回意大利，而是在美国接受手术，因为他相信队友们能够走到最后，他要在最重要的战场和兄弟们并肩作战。

　　意大利队果真闯入决赛，巴雷西也真的奇迹般复出，带队走进了玫瑰碗球场。要知道，这时距离他接受手术刚刚过去了25天，炎症未消，伤口未愈，也没有任何的恢复训练。巴雷西就像一个身负重伤的硬汉，缠上绷带，全凭一口决然之气重返战场。

　　他的确是那个年代最伟大的足坛硬汉，120分钟的决赛，巴雷西用无懈可击的防守让桑巴军团的王牌射手罗马里奥整场都碌碌无为。当巴雷西加时赛最后阶段完成飞铲化险为夷之后，身体的极限消耗已经无法让他保

▲ 意大利队点球惜败巴西，与大力神杯擦肩而过，踢丢点球的巴雷西和巴乔互相安慰。

持站立，他双腿抽筋躺在地上，让人心疼，撼人心魄。

这就是巴雷西走上点球点之前的所有经历，但他依然毫不犹豫地拖着伤腿第一个走上点球点。只不过，这最后的一丝气力无法帮助他击败巴西门将塔法雷尔。随着点球飞出横梁，巴雷西掩面倒地，长跪不起。时间仿佛在那一刻击碎了他所有的骄傲，写尽了蓝色的悲情。

也许，玫瑰碗的午后是巴雷西职业生涯唯一的遗憾，但这份遗憾却让所有人对他更加肃然起敬。巴雷西用全部的足球生命告诉世人，技巧可以成就英雄，性格可以塑造领袖，而精神才能淬炼传奇。

如今的巴雷西正值花甲之年，他依然关注着足球，关注着 AC 米兰和蓝衣军团，那是他的一生所爱。而那些经历过巴雷西时代的人也一定记得那个伟大的足球时代，以及那个时代里伟大的红黑队魂，他曾经是亚平宁足球唯一的定海神针。

2016年11月11日
克洛泽正式宣布退役

2017年2月2日
兰帕德正式宣布退役

2017年6月3日
皇马大胜尤文卫冕欧冠

2001年9月1日
英格兰客场5比1大胜德国

2017年4月13日
AC米兰告别贝卢斯科尼时代

2017年11月13日
布冯泪别意大利国家队

2003年7月23日
皇马开启中国之行

2018年5月13日
阿森纳的温格时代终

2016年7月10日
葡萄牙首夺欧洲杯

2018年5月13日
曼城赛季100分完美收官

2020年8月21日
塞维利亚第六次捧得欧联杯

2018年10月27日
莱斯特城老板维猜坠机身亡

2006年11月17日
匈牙利巨星普斯卡什去世

2020年8月18日
巴黎圣日耳曼队史首进欧冠决赛

2008年5月21日
弗格森王朝攻下第二座欧冠

2010年7月11日
西班牙新王加冕世界杯

2019年5月
英超俱乐部包揽欧冠及欧联杯决赛名额

2012年7月25日
因扎吉正式告别绿茵场

2013年5月18日
贝克汉姆最后一次出场

2015年6月3日
国际足联主席布拉特辞职

2020年8月16日
比利时中卫孔帕尼正式挂靴

2016年5月28日
欧冠决赛皇马再胜马竞

2014年4月16日
贝尔将球传给3秒后的自己

2019年6月1日
利物浦时隔14年再夺欧冠

2019年10月8日
施魏因施泰格正式宣布退役

2020年8月13日
莱比锡队历史首进欧冠四强

2019年11月20日
穆里尼奥入主托特纳姆热刺

2020年8月8日
皮尔洛出任尤文主帅

2020年1月1日
比利亚以天皇杯冠军完成谢幕演出

2020年6月21日
拉莫斯超越科曼成西甲进球最多的后卫